THE SENSE

THE SENSE

네가 힘든 건 눈치가 없어서야

김은성 지음

길을 잃었다는 건
우리를 기다리고 있는 길이 있다는 뜻이다.

v

| 책을 펴내며 |

눈치 있는 사람이 늘상 대화의 중심이 되고 행복한 미소를 짓는다

이 책의 시선은 따뜻한 곳을 향하고자 한다. 또 그런 목적으로 우리의 일상을 나누고자 한다. 싸늘한 시선은 우리에게 그리 유익하지 않아서다. 시선이 차가운 데에는 이유가 있는 법. 바로 우리의 현실이 어쩌면 비극에 가깝다는 그런 생각들에서 파생된 것이 아닐까?

가만히 들여다보면 우리의 일상은 울퉁불퉁한 산기슭을 걷는 듯 위험해 보인다. 그만큼 우리 사회의 생존경쟁이 거칠고 사납다. 그래서 따뜻하지가 않다. 자기 자신을 돌볼 여유도 없는 삶! 이런 삶에서 따스한 온기를 타인에게 전하긴 쉽지 않다.

OECD 〈삶의 질(How's Life) 보고서〉에 따르면 한국인의 삶 만족도는 10점 만점 중 5.9점으로 OECD 국가 중 33위를 기록했다. 수년 째 OECD 국가 중 꼴찌였던 데에 비해서는 한참 나아진 순위라는 설명이 곁들여 있다. 하지만 그 순위보다 더 위험 신호로 여겨지는 지표가 있다. 이미 한국 사회가 매우 외로움에 익숙한 사회라는 지적이 바로 그것이다. 외로움을 가져온 주요인은 빈곤과 관계 단절이다. 어느새 우리 사회에 외로움과 고독감 같은 어두운 감성이 일상 깊숙이 자리하고 있다는 뜻이다.

우리 사회의 민낯, 외롭고 고독하다

관계의 단절은 즐거운 사회생활과는 거리가 먼 삶을 연출한다. 사람들과의 친분을 맺기 어려운 것은 돈과 시간이 없어서다. 돈과 시간이 있다 해도 그 여유분이 너무 적거나 혹은 그것들을 소비할 마음이 없는 것도 한 원인일 것이다. '혼술', '혼밥' 혹은 '소확행' 등으로 드러나는 사회 트렌드는 관계의 결핍 현상과 깊은 관련성이 있어 보인다. "사람들과 어울리는 게 싫어.", "차라리 혼자서 즐기는 게 좋아.", "사람들 간섭 받지 않고 편한 사람들과 인생을 즐기는 게 최선이야." 등으로 표현되는 이 같은 모습은 이전 사회의 모습과는 확연히 구분된다. 무엇보다 일시적인 현상으로 그치지 않을 것으로 예상된다는 점에서 다시 한 번 우리 삶의 방향을 살펴야 할 것 같다.

우리나라가 OECD 국가들 중에서 관계성 부문 최하위에 속한다는 사실은 좀 충격적이다. 정과 의리 혹은 연민의 마음 같은 정서적 가치가 인간관계의 중심축이었던 이전의 모습이 온데간데없이 사라진 사회. 이것이 지금 대한민국의 민낯이다. 경제적 빈곤과 상대적 박탈감, 불공정 사회에 대한 반감과 분노 등이 빚어낸 '외로운 한국'의 자화상은 씁쓸하기까지 하다. 젊은 세대의 책임이 아닌, 기득권층과 기성세대의 책임이 무거워서다.

일상에서 겪는 에피소드 중에서 그것이 단편적인 사례가 아니라 일반적인 추세임을 느끼게 하는 게 더러 있다. 예컨대, 한 선배가 황당하다는 듯이 경험담을 전한다. 일이 서툰 신입사원에게 문제점을 조목조목 지적해주고 어떤 걸 보강하고 어떻게 대응해야 하는지를 자세히 설명했는데 신입사원이 전혀 뜻밖의 반응을 보여

당황했다는 것이다. 몇 번의 비슷한 상황을 연출한 뒤에 입을 연 신입사원의 말에는 큰 충격까지 받았다 한다. "OOO님은 왜 사람은 존중하지 않나요? 문제점을 객관적으로 지적해주시는 건 좋은데, 정답이 이러하니 꼭 그렇게 하라고 강요하시는 건 아니라고 봐요. 저도 생각이 있는 사람인데 아주 개념이 없는 사람으로 재단하시는 게 너무 불편해요."

우리나라 청년층의 이성 교제 실상도 놀라운 일이다. 젊음과 낭만을 구가해야 할 20~30대 청년들의 속내를 들여다보면 무척 우울해 보인다. 경제적 빈곤과 취업 문제에 발목을 잡혀 이성 교제의 기회가 제한되어 있는 까닭이다. 안정적인 직장에 취업을 했거나 혹은 경제적 능력이 있는 청년들은 이성과의 만남을 쉽게 이어가지만 그렇지 못한 청년들은 '가난한 솔로'의 비애감에 젖어 빛나는 청춘을 허비할지도 모르겠다. 연애를 하기 힘든 열악한 현실이 빚은 이성에 대한 '혐오 현상'까지 만연해 있는 것을 목격하게 되면 관계 단절에 대한 우려는 더욱 짙어진다.

관계의 단절 혹은 결핍은 소통의 시대가 지향하는 가치관과 정면으로 배치되는 것이 분명하다. 하지만 우리가 눈앞에서 마주하고 있는 소통의 시대에는 외로움을 양산하는 아이러니가 가득하다.

우리의 일상을 따뜻하게 바꾸는
기술이 필요해

사실 이런 아이러니를 감당해 나가는 게 우리가 살아가는 방식인 셈이다. 이왕이면 적은 비용으로 해결하고 그 과정이 가급적 즐겁고 그 결과 역시 달콤한 것이길 기대하기 마련이다. 결과가 쓴 것이어도 희망이 영글어가는 길목이라면 능히 감당할 만하다. 어쩌면 행복하게 사는 게 생각보단 쉬운 게 아니어서 많은 사람들은 엄청난 비용을 고스란히 치르곤 한다.

이 책은 우리가 살아가는 방식을 좀 더 현실적으로 바라보자는 취지를 담았다. 하나의 키워드인 '센스(눈치)'를 통해 우리의 일상을 따뜻하고 지혜로운 방식으로 바꿀 수 있다는 믿음 같은 것을 깔아 놓았다. 그런 의미에서 이 책은 거창한 처세술이나 삶의 지혜를 다룬 담론과는 거리가 멀다. 오히려 최소한의 생존을 위한 하나의 처세 기술 혹은 팁(tip)에 가깝다 할 수 있다.

주제를 한 문장으로 정리하자면 '눈치 있는 행동을 통해 인간관계를 유연하게 만들고 만남의 공간을 따뜻한 소통의 장으로 만들자.'로 요약할 수 있다. 또한, 이 책의 목적은 눈치의 부정적 의미를 새롭게 정의해 눈치 있다는 것이 센스 있다는 것임을 알리는 데 있다. 물론 여기서 가장 강조할 대목은 과연 눈치, 센스 있는 행동이 무엇이며 이 능력을 키우기 위해선 어떤 일상적인 노력과 기술이 필요한지를 살피는 일이다.

'눈치'라는 단어가 가벼워 보이고 부정적인 메시지를 담고 있다는 게 일반적 통념이다. 수많은 자기계발서는 수천 수만의 이유를 대면서 눈치 보는 삶을 경계한다. 자신의 의지대로 살면서 인생을 스스로 선택해야 가치 있다고 강조하면서 타인의 시선과 인정에 휘둘리는 삶을 지양하라고 말한다. 이것은 눈치 개념에 대한 오해에서 비롯된 것이다. 눈치는 '남의 마음을 그때그때 상황으로 미루어 알아내는 것'으로 영어 표현은 'sense'이다. 건강한 눈치의 기술을 가진 사람은 센스 있는 사람인 것이다.

"우리는 다른 사람과 같아지기 위해 인생의 75%를 빼앗기고 있다."는 쇼펜하우어의 지적처럼 자존감을 잃은 채 부유하는 사람들에게 전하는 많은 명언들이 우리 삶을 밝혀왔다. 하지만 많은 명언들이 가리키는 손가락 끝을 살피지 못하고 맹목적으로 수용하는 건 잘못된 통념이고 오판일 수 있다. 마치 똑똑한 게 현명한 것이라 착각하는 것처럼 건강한 좌표 없이 살아가는 건 무척 어리석은 행동이다. 행복한 것이 똑똑하고 현명하다는 걸 안다면, 우리는 행복하게 살 방법을 찾아야 한다.

센스 있는 사람이 행복해진다

일방적으로 타인의 눈치만 보는 삶은 확실히 고통스럽고 지루하다. 당연히 행복하지 않다. 더욱이 우리 사회는 건강하지 못한 눈치를 권하고 또 강요하는 울퉁불퉁한 험지다. 가정에서도 학교에서도 눈치 보는 사람으로 이끌고 또 그런 사람으로 성장하게 만들었다. 날개를 꺾어놓고선 자주적이고 소신 있는 삶으로 비상하라고 요구하는 아이러니가 우리 사회의 현실이다.

사실, 타인의 눈치를 보는 것은 생존 방식과 관련이 있다. 어릴 때부터 체득된 기억과도 관련이 있다. 그런 것들이 우리 삶을 주눅 들게 하고 비굴하게 만들기도 한다.

그런데 냉정하게 살펴보면, 눈치 그 자체가 부정적이고 자존감을 잃게 하는지에 대해서는 의문이 간다. 자기 중심을 잃고 타인의 시선과 환경에 좌지우지되는 삶이 문제가 될 뿐, 의식적으로 상대의 심중과 상황을 파악하고 적절한 사후 행동을 하는 삶은 매우 건강한 것이다. 그것이 바로 센스 있는 모습이다.

당연하게도 눈치를 보는 삶이 부정적이라고 보는 것은 아주 잘못된 통념이다. 우리 모두는 눈치를 보고 살아간다. 또 그러한 눈치 행동의 상호작용에 의해 인간관계를 만들어간다. 그 인간관계 속에서 주고받는 눈치 행동이 건강하냐 혹은 그렇지 못하냐가 중요하다.

인생에서 가장 소중한
용기를 갖는다는 믿음

이 대목에서 필자는 눈치를 적극적으로 살피는 사람이 현명해지고 행복해질 수 있다는 믿음을 전한다. 눈치 능력이 뛰어나고 그런 감수성이 풍부한 사람이 늘상 대화공간에서 반짝이며 행복한 미소를 짓는 걸 수없이 목격했기 때문이다. 또 눈치 능력이 좋은 사람이 인생에서 가장 소중한 용기를 갖게 된다고 믿는다. 어쩌면 진정한 용기는 용감하게 맞서 싸우는 게 아니라 자신이 용기 없음을 밝히고 자신의 잘못을 솔직하게 드러내는 것이다. 상대에 대한 관찰과 배려를 통해 한마디의 진심을 전할 줄 아는 그런 용기를 가진 사람이 바로 눈치 행동을 잘하는 사람인 것이다.

선천적으로 눈치 감각이 좋아서 순발력과 임기응변이 뛰어난 사람이 눈치 있는 사람이 아니다. 이 또한 잘못된 통념이다. 눈치 있는 사람, 즉 센스 있는 사람은 상대의 처지를 먼저 이해하고 건강한 소통을 이끌어내는 덕목을 갖춘 사람이기에 후천적으로 노력해서 만들어진다. 고개를 들어 살펴보면 여전히 사람 사는 세상이 보인다. 모두 반짝이며 소통하는 사람들의 공간이기도 하다. 그 공간에서 따뜻한 마음을 전하는 평범한 갑남을녀가 되었으면 하는 바람을 전하고 싶다. 그리고 행복했으면 한다. 센스 있게 인간관계에 생기를 불어넣어 소통의 활기를 일으켜보자.

사장(死藏)될 뻔한 이 책이 세상에 나올 수 있도록 절대적 도움을 준 권 대표에게 먼저 감사의 마음을 전한다. 그리고 마치 낡은 수레가 가죽 끈에 묶여서 겨우 움직이는 것처럼 힘든 날이지만 하루하루 최선을 다하고자 노력하는 나를 포함한 수많은 사람들에게 이 책을 바친다.

2019년 12월 초순

김은성

차 례

책을 펴내며_ 눈치 있는 사람이 늘상 대화의 중심이 되고 행복한 미소를 짓는다 … 7

프롤로그_ 당신의 '인간관계 통장'에는 얼마나 많은 잔고가 있나요? … 20

PART 1

행복하기로 결심했다면 '센스 있는' 사람으로 거듭나라

갈등이 있는 곳에 '센스 있는 사람'이 빛나기 마련이다	33
상대를 이해하는 한 마디 진심 어린 말이면 충분하다	42
어떤 이유 때문에 소통과 대화가 단절되는가	53
눈치 없는 대화는 공감을 얻지 못한다	63
역사 속에 드러난 눈치의 달인	71

PART 2

눈치 보는 삶과
눈치 있는 삶은 전혀 다르다

눈치에 대한 관점을 전향적으로 바꿀 때	83
건강한 눈치가 만들어내는 지혜로운 삶	95
나의 눈치 수준은 어느 정도일까?	107
눈치 능력을 키우는 지혜로운 기술	115
사회화 과정으로 살펴본 눈치파악 3단계	125

PART 3

눈치 감수성을 키우는
질문의 기술

대화의 성패를 좌우하는 첫 번째 질문	**139**
눈치 기술의 정점, 좋은 질문의 조건	**151**
질문을 통해 상대의 호감을 이끌어내는 기술	**162**

PART 4

불통의 공간을
소통의 공간으로

사람을 만나면서 눈치의 기술을 축적하라	**175**
가장 훌륭한 커뮤니케이션 기술을 찾아서	**182**
4가지 유형으로 살펴보는 눈치 상황 매트릭스	**187**

PART 5

대화기술은
눈치 행동의 하이라이트

눈치가 밥 먹여준다! _센스 있는 대화법	**213**
자신에게 철저하게, 상대에겐 관대하게 _상처 주는 대화	**223**
건강하고 유익한 소통을 위해 _치유의 대화	**232**
상대의 몸짓에는 그 의도가 녹아 있다 _비언어적 행동에 대한 눈치 파악	**241**
혹 여러분도 이런 모습을 하고 있지는 않나요?	**255**

| 프롤로그 |

당신의 '인간관계 통장'에는 얼마나 많은 잔고가 있나요?

상황 1.

주말 늦은 저녁. 한 아파트 단지 입구에 두 남녀가 서 있다. 남자가 여러 제스처까지 곁들이며 거듭 말을 내뱉는다. 그런데 여자의 모습은 좀 지친 듯하다. 벌써 두어 시간 가까이 회사 일과 인사 문제에 대해 떠들어대는 남자를 바라보는 게 힘겹다. 2주 전에 들뜬 휴대폰 목소리로 좋은 일이 있다며 20만 원을 빌려달라는 남친을 정확히 한 달 만에 만난 자리였다. 곧 승진할 것 같다며 신난 남자의 입을 막는 여자의 말.

"알았어. 미리 축하할게. 그럼 잘 가."

건조한 음성에 다소 놀란 남자가 다급히 말한다.

"아직 8시도 안 됐어. 오랜만에 만났으니 좀 좋은 데 갈까?"

"20만 원부터 송금해. 오늘 당장……."

그때서야 뭔가 분위기가 이상하다고 느낀 남자가 비굴한 웃음기를 보태며 변명을 한다.

"아, 미안. 바로 송금할게. 그것 때문에 맘 상한 거야?"

이 말에 여자 표정이 싸늘하게 변한다.

"야, 넌 생각이란 게 있는 놈이야?"

두 사람은 취업 준비에 한창이던 5년 전에 친구 소개로 처음 만나 곧 연인이 되었다. 비슷한 시기에 두 사람 모두 취업에 성공해 달콤한 연애를 몇 년째 이어오고 있지만, 몇 달 전부터 위기가 찾아왔다. 정작 가장 큰 문제는 그 위기를 한 사람은 심각하게 받아들이고 있는 데 반해 또 한 사람은 전혀 의식조차 못 하고 있다는 사실이다. 냉랭한 한마디를 던지곤 휙 돌아서는 여친의 뒷모습을 멍하게 바라보는 남자가 그렇다.

과연 두 사람의 다음 만남에서 건넬 첫 마디는 무엇일까?

상황 2.

　강남 중심가에 자리한 중견 기업의 사내 회의실. 디지털 콘텐츠를 취급하는 팀 소속 10여 명이 팀장을 기다리고 있다. 주간 회의가 월요일에 있었는데 하루 만에 다시 잡힌 화요일 긴급회의이다. 9시 정각에 40대 중반의 팀장이 착석, 긴급회의에 대한 양해를 구한 뒤 회의를 진행한다. 프로젝트 두 건에 대한 긴급 수정 사항과 회사 방침을 전달하며 차질 없이 진행하자는 독려의 말을 건넨다. 곧 회의가 끝날 분위기다. 그런데 작은 돌발 사고!
　포털 사이트에 올릴 광고 시안의 카피에 대한 두 건의 수정 사항을 지시하는 과정에서 발생했다.
　"동화잔혹사 카피가 좀 진지하다는 지적이 있는데, 소비자 연령대를 감안해 친근하고 재미있는 어휘로 좀 바꾸는 게 좋을 것 같네요. 콘셉트는 괜찮으니 그대로 유지하고요."
　"네. 저도 그런 문제의식이 있었는데, 소비자 의견을 파악해 오늘 중으로 수정하겠습니다."
　"그리고 말이에요, 우리말 어원 어드벤처 카피는 너무 설명식이라 건조한 느낌이 들어요. 일정을 하루 정도 늦추더라도 수정해야 합니다. 문맥도 몇 군데 이상하고 오자도 꽤 있어요."
　"……."

지적을 받은 담당자의 대답이 없다. 얼굴은 상기된 표정이 역력하다. 잠시의 어색한 침묵이 흐른다. 회의는 그렇게 끝이 났다.

이후 팀장과 답변에 응하지 않았던 직원의 개별 면담. 하지만 여전히 대화는 겉돌았고 아까운 오전 시간대를 허비했다. 좀 더 적극적이고 자신의 업무 지시에 충실하게 응하기를 요구하는 팀장. 반면 경력직으로 1년 전에 입사한 직원은 숨이 막힐 정도로 잘못된 것을 지적하는 팀장이 무척 버겁다. 처음에는 세밀하게 체크하는 팀장에게 고마운 마음이 들었지만 거듭되는 '지적질'에 자존심이 만신창이가 된 느낌이다. 더욱이 공개적인 회의 자리에서 지난 일들까지 꺼내며 질책하는 것에 대해서는 도저히 용납하기가 힘들다. 팀장은 팀장대로 불편한 심기가 커져간다. 나름 성심껏 대했는데 그 직원이 자신의 의도를 왜곡해 받아들이고 감정적으로 반응한다는 생각이 들면서 씁쓸하다.

누구의 문제이며, 두 사람의 소통에는 어떤 문제가 있을까? 서로의 노력을 통해 극적인 반전을 이끌며 훈훈한 미담으로 남을지, 아니면 다시는 서로의 얼굴을 보지 않는 사이가 될지, 자못 궁금하다.

상황 3.

    대기업 홍보 팀에 근무하는 30대 후반의 윤 팀장이 그녀의 옛 직장 동료 최지연(가명) 씨를 찾아갔다. 지연 씨 집 근처 카페에서 만난 두 사람. 서로의 손을 마주 잡고 반갑게 한담을 나눈다. 그런데 20여 분의 시간이 지난 뒤 분위기가 이상하다. 뭔가 사달이 난 듯 두 사람의 눈빛이 심하게 흔들린다.

    상황은 이랬다. 윤 팀장보다 두 살이나 어리지만 그녀의 입사 동기였던 지연 씨는 10개월 전에 사내에서 분쟁을 겪으며 갑작스레 회사를 그만둔 쓰린 경험이 있다. 상사의 부당한 처사에 대해 항의를 했는데 타 부서의 성희롱 고발 건과 겹치면서 예기치 않은 분쟁으로 번지게 되었다. 사건은 흐지부지 마무리되었지만 그 과정에서 큰 상처를 입게 되었다. 퇴사 이후 심한 우울증에 시달렸고 결혼까지 염두에 두었던 남친과의 관계도 소원해졌다. 난생처음 정신과 치료를 받으며 재취업 준비를 하고 있지만, 아직 좋은 소식이 없어 최근 일상은 얼굴에 기미가 거뭇거뭇 낀 처지였다.

    그러던 차에 오랜만에 자신을 찾아준 윤 팀장이 무척 고마웠다. 한때 사내에서 가장 마음이 잘 통하던 회사 동료였기에 더더욱

그러했다. 그런데 반갑게 얘기를 10여 분 나눌 때쯤부터 윤 팀장의 말이 거슬리기 시작했다. 위로해주러 왔다는 윤 팀장의 입에서 나온 말들이 대부분 자신의 자랑거리를 늘어놓는 거였다. 심지어 10개월 전에 있었던 사내의 일을 끄집어낼 때는 아연실색하고 말았다. 그때 자신의 말대로 하지 않아 문제가 커진 거라는 윤 팀장의 말이 비수가 되어 가슴을 후볐다. 당시 윤 팀장이 무조건 김 이사에게 사죄하라고 했던 게 떠올랐다.

겨우 봉합했던 상처 부위가 또 터진 것 같아 견디기 어려웠던 지연 씨가 의자에서 일어났다.
"언니, 나 위로해주러 온 거 맞아? 자랑질하러 온 거야, 아님 누굴 놀리려고 온 거야?"
"아니, 난 그게 아니고······."

상처를 받은 사람을 위로하는 일은 사실 그리 어려운 게 아니다. 마음 한 가닥과 따뜻한 말 한마디면 충분할 때가 많다. 더 현명한 방법으론 아픈 사람의 얘기를 들어주고 공감하는 것. 지금의 성공에 취한 탓일까? 윤 팀장의 말은 무척이나 경솔해 보인다. 지연 씨에게 준 상처를 어찌 만회할지 두고 볼 일이다.

상황 4.

대형 백화점에 근무하는 서 부장. 그는 홍 이사의 호출을 받고서는 얼굴이 화끈거렸다. 며칠 전 거물급 고객과의 만남에서 저지른 큰 실수가 떠올랐기 때문이다. 명백한 실수였기에 자책해도 되돌릴 수 없는 일이라 무척 난감했다. 홍 이사를 만나러 가는 발걸음이 천근만근일 수밖에.

며칠 전 그는 홍 이사의 지시를 받고 그 고객의 집무실에 방문했다. 문화 사업에 대한 투자 의사가 있다는 귀띔을 받은 터라 백화점에서 구상하고 있는 관련 사업 계획서를 지참했다. 하지만 그는 사업 계획과 관련된 얘기를 제대로 나누질 못했다. 그 고객의 어마어마한 집무실 풍경에 주눅이 든 탓인지 고객이 던진 의례적인 질문에 장황한 설명만 늘어놓았던 것이다.

10여 분 정도 얘기를 듣던 그 고객이 불편한 기색을 내비쳤다.

"오늘 왜 여기에 오신 거죠?"

순간 서 부장은 말문이 막히고 말았다. 스텝이 꼬였다는 걸 뒤늦게 알아차렸지만 분위기를 반전시킬 만한 준비가 되어 있지 않은 상태였다.

"아, 예, 저희 백화점에서 추진 중인 문화 사업은요……."

허둥지둥 사업 계획에 대한 설명을 이어갔지만, 서 부장의 불길한 예감대로 고객의 반응은 냉담했다. 결국 20분도 안 되어 그 자리를 뜰 수밖에 없었던 서 부장은 심한 자책감에 빠졌다. 무엇보다 고객의 의중을 전혀 파악하지 못한 게 너무나 창피했다. 고객의 얘기를 차분하게 경청하며 공감대를 만들어가는 가장 기초적인 소통에도 실패했던 것이다. 사전에 고객 정보를 충분히 살피지 못한 것도 뼈아팠다.

"누구나 실수를 하기 마련이네. 개의치 말고 사후 대응을 잘하면 된다네."

홍 이사의 격려는 서 부장에게 큰 힘이 되었다. 심한 질책을 각오했는데 한마디 책임 추궁도 없이 환한 미소로 다독이는 홍 이사가 너무나 고마웠다. 내일 다시 그 고객을 만나기로 마음먹은 서 부장의 고민은 깊어지지만 그만큼 또 파이팅하겠다는 의지도 강해진다.

그 미팅 결과가 궁금해진다.

상황 1~4는 우리 일상의 극히 일부에 지나지 않는다. 펼쳐보면 수천 수만의 사례로도 부족해 보인다. 그만큼 우리의 삶은 사람과의 관계에 둘러싸여 있기에 그 관계에서 불편함이 많다면 사는 것 자체가 힘겨울 수 있다. 반대로 소통 과정이 즐겁고 유익해 일상을 늘 새롭게 만들 수 있다면 삶 자체는 두말할 나위 없이 활력이 넘치고 즐거워진다. 매력적인 행복이다.

모든 만남과 소통 공간에서 성공하는 사람은 없다. 오해나 상처를 주고받기도 하고 일정한 시간이 필요한 경우도 많다. 치명적인 실수가 아니라면 약간의 용기를 통해 진심 어린 사과를 사후에 하면 된다. 이 쉬운 해법을 우리는 제대로 하지 못할 때가 훨씬 많다. 그래서 삶이 꼬이고 고달파진다. 문제를 풀기 위해선 작은 실천과 용기에서 출발하면 된다. 불필요한 자존심이나 허위의식에 갇혀 자신의 잘못을 인정하지 못하는 사람은 결국 옹졸하고 위선적인 사람이 되기 십상이다. 더군다나 상대의 빛나는 매력도 찾지 못할 가능성이 높다.

어떤 모임을 가든 잘되는 곳에는 늘 빛나는 사람이 있기 마련이다. 대화의 중심이고 소통의 중심인 사람이다. 그 사람과 만나면 편하고 따뜻해지고 새로운 에너지를 얻는 기분이 된다. 그런 사람들을 자세히 살펴보는 건 무척 유익한 일이다. 상대의 의견을 경청하고 공감해주며 주도면밀한 준비를 통해 문제 해결 방향을 제시하는 그런 사람. 이 빛나는 사람들의 공통점은 품성이 좋고 인격이 높은 것과는 좀 성격이 다르다. 그것은 남을 배려하는 소통의 기술이 몸에 밴 사람들이라는 것이다. 바로 '센스'가 있는 사람들이다.

그런 의미에서 소통의 기술은 매우 중요하다. 인간관계의 자산을 만드는 지름길이기 때문이다. 마음은 굴뚝같지만 실천에 옮기지 못하는 것 역시 소통이 매우 부족한 경우다. 어떤 면에서 보면 최악일 수 있다. 알고도 실천하지 못해서다.

통장 잔고와 비교해보는 것도 적절한 비유가 될 것이다. 통장에 잔고가 많이 남아 있으면 좀 손해를 보더라도 두려운 마음이 들지 않는다. 그것처럼 '인간관계의 통장'에 잔고가 많이 있다면 좀 어려운 일이 있더라도 위축되지 않고 지혜롭게 대처할 수 있다. 마음의 잔고가 많은 사람이 곧 센스 있는 사람이다 상대와 공감할 줄 알고 지혜롭게 문제를 함께 풀어갈 줄 아는 '눈치 가득한 사람'인 것이다.

그런 사람이 되자. 행복해지기 위해서.

PART 1

행복하기로 결심했다면 '센스 있는' 사람으로 거듭나라

갈등이 있는 곳에
'센스 있는 사람'이 빛나기 마련이다

"기자는요, 토익 점수나 다른 능력보다 눈치가 중요해요."

몇 년 전 방송되었던 국내 드라마 속의 대사다. 이 말을 던진 기자는 의문의 사건을 파헤치는 과정에서 만난 두 남녀 주인공이 앙숙이 아니라 연인 사이임을 짐작한다. 약간의 의미심장한 눈빛을 보내며 두 사람에게 묻는 대목이 나온다. "두 분은 사실 서로 사랑하는 사이죠?" 갑작스런 질문에 두 남녀는 화들짝 놀란다. 이내 남자 주인공이 옅은 미소를 띤 채 되묻는다. "어떻게 아셨죠?" 사실 두 남녀 주인공은 한쪽이 죽어야만 끝나는 잔인한 게임을 하고 있던 상황이었다.

기자뿐이 아니다. 범죄자를 추적하는 형사나 죄의 유무를 다투는 검사, 변호사 등도 눈치의 대가라 할 만하다. 기업 존망의 키를 쥐고 있는 경영자나 전략 기획가는 물론 펀드매니저를 포함한

금융 전문가 그룹, 로비스트 등도 눈치에 관한 한 빼놓을 수 없는 고수들이다.

눈치의 고수들이 벌이는
승자 독식의 게임

따라서 이들이 벌이는 경쟁은 전쟁을 방불케 하는 치열한 승자 독식의 냉혹한 게임으로 치닫곤 한다. 그 결과에 따라 한 사람의 운명과 자존이 결정된다. 또 기업의 성패가 결정되곤 한다.

영화나 드라마 속에서 자주 등장하는 이런 숨 막히는 지략 전쟁은 보는 이로 하여금 손에 땀을 쥐게 하는 긴장감과 스릴을 선사한다. 판타지에 불과하지만 영화나 드라마보다 어쩌면 현실이 더 냉혹할 수 있다.

냉혹한 승부사들은 경쟁에서 이기기 위해 동원 가능한 모든 정보를 수집한다. 객관적 상황과 상대에 대한 끊임없는 관찰은 필수적이다. 그리고 이에 기초한 대응과 임기응변. 고도의 심리전을 동반한 작전과 트릭은 물론 술수와 음모까지. 승리는 대체적으로 힘의 우위에 있는 쪽의 몫이다.

영화에서처럼 약자의 반전은 쉽지 않다. 하지만 가끔씩은 이 판타지가 현실로 드러나기도 한다. 힘의 열세를 극복할 만큼의 더 치열한 준비와 관찰 그리고 용기 있는 행동이 어우러질 때다.

앞서 드라마 속의 기자가 언급한 눈치는 오랜 경험과 학습을 통해 만들어진 능력이다. 순간의 번뜩이는 재치나 예리한 촉만으로 가능한 능력이 아니다. 오랜 숙련과 치열함이 만들어낸 관록이자 체득한 내공이기 때문이다. 무엇보다 복잡하게 얽혀 있는 여러 상황과 사건은 물론 이해 당사자들의 태도와 행동을 종합적으로 관찰하는 훈련이 필요하다. 또 그럼으로써 상황에 대한 맥락과 실마리를 찾아내는 데 고도의 집중력을 기울여야 한다. 미세한 차이로 인해 성패가 결정되기 때문이다.

지능과 눈치 능력이
매우 뛰어난 한국 사람들

지난해 푸른 눈의 영국 기자가 한국 생활 15년을 통해 살펴본 대한민국의 풍경을 책으로 펴내 화제가 된 적이 있다. 책 제목은 《한국, 한국인》. 이 책은 저널리스트의 시선으로 숨 가쁘게 달려온 한국의 역동적인 사회상을 29가지 키워드로 정리했다. 여기에 따르면 한국은 평균 아이큐 105를 넘는 유일한 나라, 세계에서 문맹률이 가장 낮은 나라, IMF 외환위기를 단시간 내에 극복해 세계를 경악하게 만든 나라, 한류 신드롬을 이끌며 음악 수준을 가장 빠르게 끌어올리는 나라, 여자 골프 최강의 나라, 경제 대국 3위 일본을 발톱의 때만큼도 여기지 않는 나라, 일하는 시간은 세계 2위이고 노는 시간은 3위인 잠 없는 나라 등으로 표현했다.

일견 흥미로운 지적이 눈길을 사로잡게 만들기 충분해 보인다. 영국 기자의 시선이 액면 그대로 사실이라 보긴 어렵다. 다만 확인할 수 있는 단면은 한국 사람들의 지능과 재능이 매우 뛰어나다는 점이다. 또 위기 상황에서 기적을 일궈낼 정도로 근성이 강하다는 사실이다. 무엇보다 한국의 현대사가 그 어떤 나라도 흉내 낼 수 없는 격동의 시간을 품고 있다는 점이 눈길을 끈다. 그만큼 우리 사회는 광속의 변화를 거듭해왔다. 조용하고 가난한 동방의 초라한 나라에서 한류의 중심이자 인터넷 최강국의 화려한 자본주의 국가로 변모했으니 말이다.

화려함 뒷면에는 어두움이 있기 마련이다. 누군가의 희생과 절망, 차별과 불공정으로 인해 떨궈야 했던 눈물, 인격과 존엄의 상실, 굴종의 시간들. 빠른 속도의 경쟁 사회로의 진입은 불가피하게도 격한 생존경쟁과 많은 폐해를 동반한다. 우리 사회가 확실히 그렇다.

수많은 지표들이 우리 사회의 어두움을 가리킨다. 자살률이 세계 1위이고 출산율이 가장 낮은 나라다. OECD 국가들 중에서 행복지수가 최하위권에 머물러 있다. 정(情)의 나라에서 이제는 '혼밥', '혼술'로 특징되는, 세계에서 손꼽을 만큼 개인이 외로운 나라다. 우울한 지표가 아닐 수 없다.

그래서일까. 지능이 좋고 현실 적응력이 뛰어난 한국 사람들의 훌륭한 눈치 능력은 부정적인 방향으로 발휘될 때가 많다. 손쉬운 방법으로 출세를 도모하고 경제적 이익을 얻으려 한다.

그 결과 다수의 사람들이 상대적 박탈감에 갇혀 긴 한숨을 쉬곤 한다. '갑'의 횡포에 전전긍긍할 수밖에 없는 사회적 약자인 '을'의 고단한 삶. 고압적이고 권위적인 상사의 눈치를 살펴야 하는 부하 직원의 고충. 불평등 구조에서 온갖 차별과 편견으로 인해 고통받는 사람들. 어제오늘의 일이 아니며 여전히 진행 중이다.

상대를 배려하는 행동이
눈치의 올바른 덕목

뛰어난 눈치 능력을 건강한 방향으로 사용할 때 우리 사회가 훨씬 밝아진다는 건 두말할 필요가 없다. 상황에 대한 파악과 사람들의 심중을 읽어 얻어낸 정보를 토대로 모두에게 도움이 되는 선택을 하는 게 가장 합리적이며 가치 있는 일이다. 상대의 약점을 파고들거나 부당한 방법을 동원해 사사로이 이익을 취하는 행동은 결국 관계의 소중함을 잃게 될 뿐이다.

한국 사람들의 뛰어난 눈치 능력은 건강한 방향으로 발휘될 때 그 빛을 환하게 밝힐 수 있다. 이런 관점에서 볼 때, 눈치의 올바른 덕목은 상대를 배려하고 함께 즐거움을 나누고자 하는 태도와 그 실천에서 찾을 수 있다. 뛰어난 눈치 능력을 탐욕을 향해 쏟아붓는 것은 눈치 있는 삶과 무척 거리가 먼, 지독하게 이기적인 삶일 뿐이다.

관점이 좀 다를 수 있지만 우리의 일상 대부분도 '눈치 상황'과 연결되어 있다고 할 수 있다. 앞서 언급한 수직적 관계 외에 수평적 관계에서도 서로의 눈치를 살피는 상황은 우리 일상에서 어렵지 않게 볼 수 있다. 직장 한 부서 내에서의 은근한 견제와 신경전. 비슷한 지위에 있는 사람들 사이에서 벌어지는 일촉즉발의 경쟁. 심지어 사내에서의 파벌 조장과 따돌림, 은밀한 사내 정치와 집단 이기주의 발호 등 천태만상의 눈치 행동이 벌어진다. 물론 거칠게 드러나는 형태가 아닌 경우가 더욱 많다. 이렇듯 경쟁 사회가 만들어낸 다양한 심리전과 경쟁의식은 우리 사회의 대표적인 직장 풍속도가 된 지 이미 오래다.

이미 만들어진 좋은 직장은 없다

그렇다면 왜 이런 일들이 벌어질까? 그 대답은 의외로 간단하다. 생존을 위해서, 이익을 위해서, 자존심을 지키기 위해서 벌이는 자연스럽고도 본능적인 경쟁의식에서 나오는 행동이다. 앞에서 눈치 상황에서 벌어지는 부정적 모습을 열거한 것은 눈치의 건강성을 잃었을 때 생겨날 수 있는 폐해를 지적한 것뿐이다.

사실 모든 공동체 및 공간에서 생겨나는 지극히 당연한 모습이기에 새삼스럽게 전체를 부정적 시선으로 바라볼 필요는 없다.

다만 경쟁이 심화될수록 또 구성원들의 처지가 열악할수록 눈치 상황이 혼탁한 방향으로 나아갈 가능성은 높아 보인다.

가장 중요한 문제는 이러한 눈치 행동들의 방향과 주도성이다. 타인의 시선을 의식해 자신의 모든 행동을 거기에 맞춘 삶은 '슬픈 을(乙)'의 삶이 되고 만다. 행복하기로 마음먹었다면 뛰어난 눈치 능력을 공정한 방법으로 발휘할 필요가 있다. 또 타인을 위한 따뜻한 시선으로 실천한다면 우리의 삶은 더없이 풍요로워진다.

혹 자신의 직장이 불필요한 경쟁과 견제 혹은 파벌의식 행위가 만연한 곳이라 해도 실망할 필요가 없다. 이미 만들어진 좋은 직장은 거의 없다. 누군가의 노력으로 좋은 직장으로 거듭나는 곳이 있을 뿐. 좋은 직장을 만드는 이는 적절한 경쟁을 마다하지 않으면서도 타인을 배려하고 그에 맞는 행동을 실천에 옮기는 '센스 있는 사람'들이다. 그래서 대단히 매력적이다. 갈등이 있더라도 피하지 않고 상황에 맞게 상대의 마음을 읽고 수용하면서 문제를 해결하는 사람이기에 곧 용기 있는 사람이기도 하다.

이 책을 읽는 독자 중에서 기업의 대표 또는 최고 경영자가 계신다면 꼭 명심하라고 충고하고 싶다. 당신의 뛰어난 눈치 능력과 민감한 촉수를 동원해 자신에게 맞는 인재를 가려내거나 직원들을 통제의 대상으로 여기는 비상한 대책을 세우고 있다면 즉각 중단하라. 그것은 당신이 회사에서 가장 똑똑한 사람이라고 스스로 여기는 지독한 자만일 수 있다. 대신 직원들의 소소한 마음을 헤아려 보라.

상대를 이해하는
한마디 진심 어린 말이면 충분하다

4월 중순 때다. 예고 없이 추적추적 비가 내리는 저녁, 한 지인과 소주 한잔을 하게 되었다. 비를 핑계 삼아 예정에 없던 자리가 마련된 거였지만, 워낙 입담이 좋은 그분의 재미나는 얘기를 듣고 싶어서였다. 여느 일터에서나 일어날 법한 평범한 얘기였지만 그의 얘기는 확실히 남다른 끌림이 있었다. 그의 이야기를 재구성해 보았다.

모 광고회사의 한 팀장은 40대 중후반의 남성이다. 어느 봄날 화사한 옷차림의 김 대리가 "좋은 아침입니다." 하며 출근 인사를 하자 한 팀장 역시 환하게 웃으며 화답한다. "김 대리, 오늘 유쾌해 보이네. 와우, 봄 내음이 가득하네."

순간, 그는 움찔한다. 2시 방향의 책상에서 레이저 광선이 직격

하는 듯한 느낌 때문이다. 마흔이 임박한 최 과장의 존재를 뒤늦게 깨닫곤 '아차차, 말조심해야 했나?' 하며 조바심이 일었다. 언젠가 여성인 최 과장으로부터 외모 발언에 대한 격렬한 항의를 받은 적이 있었던 터.

한 직장에서 벌어지는 불통의 딜레마

한편 최 과장은 김 대리에게 아빠 미소 같은 모습을 보이는 한 팀장이 얄밉다. 그리고 심사가 복잡하다. 자신에게만 웃음기 없는 표정으로 업무적인 얘기만 건조하게 하는 상사 한 팀장의 처사가 어느 순간부터 불편해지기 시작했다. 자신을 제외한 다른 직원들에게 보내는 친절한 표정을 볼 때마다 형체를 알 수 없는 스트레스가 밀려오곤 한다.

게다가 자신을 융통성 없는 페미니스트쪽으로 여기는 듯한 그의 태도가 몹시 못마땅하다. 한때는 사수와 부사수로서 멋진 콤비가 되어 수많은 프로젝트를 함께한 적이 있지만, 지금은 서먹한 관계일 뿐. 그렇다고 아주 불편할 정도의 갈등이 있는 것도 아니다.

이같이 어정쩡한 사이가 된 것은 1년 전쯤의 회식 자리가 발단이 됐다. 이른바 '소맥' 몇 잔으로 팀원 전체 건배가 이어지고 난 뒤, 회식 자리 말미에 한 팀장이 옆자리에 있던 최 과장에게 "요새 뭔 일 있어? 예전과 달리 패션에 신경을 안 쓰는 것 같아……. ○○물산 김 이사가 뭔 일 있냐고 묻던데……." 하고 말했다.

그 말이 떨어지자마자 최 과장의 얼굴이 벌겋게 달아올랐다. "아니, 팀장님은 아무리 회식 자리라 해도 이런 모욕적인 말을 그렇게 쉽게 내뱉을 수가 있으세요?" 하면서 큰 소리로 "정말 실망입니다!" 하곤 그 자리를 떠나버렸다.

이후 최 과장은 젊은 여자 직원들을 칭찬하는 한 팀장에게 가시 돋친 은근한 비판을 공개적으로 한 적이 있다. 때는 바야흐로 '미투' 열풍이 불어닥칠 때였다. 한 팀장의 표면상 태도가 그때부터 확연히 바뀌었다.

부하 직원들 역시도 두 사람 사이에 흐르는 묘한 신경전에 자연스레 가세한다. 사안마다 누가 담당을 맡느냐, '피티'는 누가 하느냐에 대한 예민한 논박은 물론 그 평가에 대한 의견도 조심스럽다. 아슬아슬한 곡예처럼 업무 공간에서의 이 같은 광경은 매우 복잡한 양상을 띠었다.

파벌 같은 게 생겨날 조짐도 보였다. 사람 좋기로 정평이 난 한 팀장을 따르는 부류와 예리한 업무 능력을 인정받고 있는 최 과장

쪽으로 시선을 옮기는 사람들이 구분될 정도로. 더 심각한 것은 이 같은 불편한 동거가 오랜 시간 동안 지속된다는 사실이었다.

상대의 마음을 살피는
지혜로운 센스와 작은 용기

이 이야기를 들으면서 어찌 보면 우스꽝스러운 신(新)풍속도의 한 단면을 본다는 느낌이 들었다. 진심이 있어도 적절하게 드러내고 전달하지 못하면 결국에는 소용없는 일이 된다. 불통이라는 딜레마에 빠지게 된다. 이럴 때 '두 사람 중 한 사람이라도 상대의 마음을 헤아리는 한마디만 하면 언제 그랬느냐는 듯이 그동안의 해묵은 감정이 사라질 텐데.' 하는 안타까운 마음이 일었다.

그의 이야기 끝에는 이런 상황들이 적지 않은 일터에서 일상적으로 반복된다는 설명이 있었다. 얘기를 들으면서 충분히 공감이 갔다. 뻣뻣한 자존심 때문인지 혹은 피해의식이 너무 강해서인지 진심을 담은 말 한마디를 하지 못해 고질적인 갈등 상황으로 스스로를 몰아가는 미련한 모습들이 떠올랐다.

소통의 사각지대에는 이론이 말하는 것에서 빠져 있는 아주 사소한 것들이 있기 마련이다. 사과를 했다가 혹시 무안을 당하지 않을까 하는 두려움이나 그 행위 자체가 자존심을 구기는 일이라 여기는 생각들. 무엇보다 불편한 관계에서도 진심을 담아 말을 건넬 줄 아는 작은 용기 같은 걸 가져본 적이 없는 우리 사회의 문화와도 관련이 있을 터.

많은 사람들이 눈치란 '놈'을 사전에서 지워버리고 싶어 하기도 한다. 눈치를 본다는 것이 자유롭지 못하고 당당하지 않다는 생각과 관련 있다. 하지만 아무리 아무렇지 않으려고 해도 눈치란 놈은 신경이 쓰이기 마련이다. 굉장히 성가시지만 그렇다고 완전히 무시할 수 없는 존재다. 남의 시선이나 언행에 구애받지 않고 소신껏 살아간다는 것이 눈치 보는 것과는 다른 자유로운 삶일까? 단언하기 어렵다. 소신 있는 삶은 여러 사람들과 조화롭게 어울리면서도 자기 중심을 잃지 않을 때 아름답다. 게다가 조화로운 관계를 위해서는 여러 사람의 의견을 경청하는 개방적인 자세가 필수적이다. 이때 여러 사람의 마음과 입장을 살피는 행위는 지혜로운 센스, 즉 유용한 눈치가 된다.

이런 의미에서, '눈치가 있다'와 '눈치가 없다' 중에 무엇이 현대 생활에 유용할까? 당연하게도 눈치가 있는 삶이다. 꼭 필요하기 때문이다. 후일담이지만 최 과장이 용기를 내 팀 전체 분위기를 쇄신

했다고 한다. 어느 날 최 과장이 일찍 출근한 한 팀장을 찾아가 1년 전의 소동에 대해 진심 어린 한마디를 건넸다. 최 과장은 '한 팀장이 정이 깊고 업무 추진력도 좋지만 경상도 출신답게 고지식하다는 것'을 짐작하고 예전에 자신에게 했던 말이 선의였던 걸 알지만 순간적으로 화가 나서 심한 말을 했다며 사과의 뜻을 비쳤다.

그날 이례적으로 회식 자리가 마련되어 팀원 전체가 유쾌한 시간을 가졌다고 한다. 그 자리에서 한 팀장은 얼굴이 벌겋게 상기된 채 최 과장에서 10여 차례 이상의 사과를 했다. 자신이 너무나 옹졸했고 부끄럽다면서 고개를 숙였고 여자인 최 과장의 용기에 너무나 감사하다며 또 고개를 숙였다.

상대의 입장에서 그 마음을 이해하는 한마디의 말에 녹아 있는 센스와 작은 용기가 가져온 큰 변화! 센스 있는 사람만이 할 수 있는 최선의 소통이다.

"센스 있는 사람과 결혼할 거예요."

언젠가 후배 아나운서와 우연히 차 한잔 마신 적이 있다. 작년 가을쯤인 것 같다. 얼굴을 안 지 10년 가까이 되지만 사적으로 애기를 해본 게 그때가 처음이니 그리 친한 사이라 할 순 없었다. 그런데 후배가 워낙 활달한 성격이어서인지 이런저런 얘기를 편하게 나누게 되었다.

"근데 왜 아직 결혼을 안 했어? 혹시 비혼주의자?"

"호호……. 그런 건 아니고. 아직 좋은 남자를 못 만났어요. 찾으면 바로 갈 거예요."

"눈이 너무 높은 거 아니야?"

"언제 적 농담이에요? ㅋㅋ……. 센스 있는 남잘 아직 못 만났어요. 전 센스 있는 사람이 좋아요."

"센스 있는 사람이라면……?"

30대 중반인 그녀의 설명은 이랬다. 자신을 여왕처럼 혹은 공주처럼 대했던 몇 남자와의 사귐이 있었지만 잠시의 달콤함이 있었을 뿐 자신의 짝은 아니었다고 했다. 무엇보다 자신의 직업과 일을 존중해주는 사람을 원했지만 대부분 그러질 못했다면서 약간 허탈한 웃음을 지었다.

어떤 사람이 센스 있는 사람이냐고 물었더니, 소소한 일이더라도 현재의 관심사에 집중하고 상대의 말과 생각을 수용하려는 자세를 가진 사람이라고 했다. 어느 순간은 소통이 안 되어 숨 쉬기가 어려울 때도 있었다면서, 소통이 안 되는 사람과는 사적으로 10분도 얘기하기가 싫어졌다고 덧붙인다. 꽤 잘 나가는 상류층 남자들의 권위적이고 잘난 척하는 태도가 무척이나 거슬렸던 모양이다. 너무나도 솔직하고 내밀한 얘기를 들려준 후배가 고마웠다. 소통 및 커뮤니케이션 전문가인 필자 입장으로서는 20~30대 여성층 속마음의 단면을 이해하는 데 큰 도움이 됐다. 1시간 데이트를 하더라도 지긋이 자신의 눈을 바라보는 상대와 결혼하겠다는 그녀에게 엄지손가락을 높이 들며 멋지다는 말을 던졌다.

그녀의 취향과 생각이 모두를 대변하긴 어렵겠지만 중요한 사실 한 가지를 확인할 수 있었다. 소통에 있어 경청의 중요성이다. 좀 더 정확히 말하자면 상대를 존중하는 마음으로 상대의 말을 경청하고 상대의 심중을 이해하는 진심 어린 대응이다. 즉 경청에 그치지 않고 상대와 공감대를 만드는 센스 있는 대화를 이끌어가는 기술이다. 그러기 위해선 상대의 감정과 심리 상태를 정확히 파악하는 인내와 관찰이 필수적이다. 공감의 정서를 조성하는 눈치 행동, 즉 센스 있는 행동을 체득해야 할 것이다.

또 한 가지 그녀와의 대화를 통해 새삼스레 확인한 것이 있다. '쉰 세대'가 되어버린 기성세대의 소통 방식에 대해 젊은 세대가 갖는 거부감이 상상 이상으로 강하다는 사실이었다. 특히 권위와 지위를 내세운 훈계조의 일방적 말하기에 대한 반감은 아예 손사래를 치는 수준이었다. 기성세대들이 분발하고 변화해야 할 지점이다.

눈치에 대한 오해를 잠깐 짚어보자. 눈치가 없다는 것은 감수성이 부족해 다른 사람보다 상황 파악을 잘 못 하는 것만을 의미하는 게 아니다. 상대를 배려하지 않고 자신의 의견만을 강하게 제시하는 식의 행동을 말한다.

그러니까 상대를 불쾌하게 하는 어리석고 개념 없는 모습이 매우 눈치가 없는 행동이다. 예의가 없거나 독선적인 태도를 보이며 자신의 이해관계만을 중시하는 언행을 하는 사람을 누가 신뢰할 것인가?

우리의 삶을 긍정적으로 바꾸는 건강한 눈치

반면 눈치 있는 행동은 어떤 것일까. 당연하게도 부정적 뉘앙스가 강한 '약삭빠르고 임기응변적인 처신에 능한' 이른바 '잔대가리' 같은 그런 눈치와는 거리가 멀다. 올바른 눈치는 우리를 즐겁게 만들 수 있는 기술이다. 그래서 하루하루를 행복하게 이끄는 무기가 된다. 물론 이 의견에 의아해하는 사람이 있을 수 있다. 하지만 눈치에 대한 정의를 제대로 파악한다면 상당히 공감할 수 있을 것이다.

눈치는 흔히 '눈치 본다'라는 의미로 그 뜻이 한정되어 있는 측면이 강하다. 즉 다른 사람의 심기를 살피는 것. 분위기를 파악하는 능력 정도로 좁게 규정하고 있다. 눈치는 영어로 '센스(sense)'로 풀이할 수 있다.

'눈치'를 바라보는 시각을 더욱 적극적이고 수용적으로 넓혀보면 그 의미가 달라진다. 즉 분위기와 상대의 마음을 살피는 것에 그치지 않고, 상대와 공감을 가질 수 있는 지혜로운 행동을 하는 것이다. 분위기를 파악하는 것에 그친다면 생산적인 소통이 어려울 것이다.

눈치 능력이 좋으면 당연히 대인관계 능력이 높아진다. 그것을 통해 대인관계의 여러 문제를 해결할 수 있다. 또한 대인관계 능력이 높으면 자기 효능감과 자존감이 높기 마련이다. 그럼으로써 사람과의 관계에서 자신감이 생겨나는 선순환이 이뤄질 수 있다. 일상이 즐겁고 행복해질 수 있는 것이다.

이렇듯 건강한 눈치는 우리를 행복하게 만들 수 있다. 게다가 눈치를 통한 대인관계 능력향상으로 인해 성공의 확률을 매우 높일 수 있다. 센스가 많은 사람이 협상도 설득에도 능하기 마련이다. 심지어 매력적인 사람으로 빛날 수도 있다.

탈무드에 나오는 유태인의 독특한 자녀 교육법에서 무척 흥미가 가는 대목이 있다. 유태인들은 10세 전후의 어린이들 중에서 매우 뛰어난 재능을 가진 몇 퍼센트는 영재교육을 시키고 나머지는 특별한 교육장에 보낸다. 그 특별한 교육장은 다름 아닌 아이들에게 낯선 지역의 공동체다.

미션은 단 한 가지다. 그곳에 가서 일정 기간 낯선 사람들과 함께 생활하면서 사람들을 즐겁게 만드는 것이다. 자연스레 아이들은 자신의 이기심을 드러내기보다는 다른 사람들의 말을 듣고 함께 공동체 생활을 즐겁게 보내는 능력과 안목을 키우게 된다. 소통의 가장 소중한 덕목을 어릴 때부터 몸으로 체득하는 셈이다. 시사하는 바가 적지 않다.

어떤 이유 때문에
소통과 대화가 단절되는가

어느 날 와이프가 불쑥 말을 던진다.

"오래간만에 아들과 얘기 좀 해봐. 고민이 있는 것 같은데 나한테는 통 얘기를 안 하네. 남자들끼리 통하는 게 있잖아?"

당황스럽다. 일이 너무 바쁘다는 핑계로 사춘기 아들과 대화를 나눈 지도 꽤 오래되었다. 집 앞 카페에서 아들을 만났다. 약간 고민을 하다가 용기를 내서 아들에게 말을 걸었다.

"너 요즘 공부 잘하니?"

거의 남북 정상회담 느낌이랄까. 서먹했다.

아빠 입장에서 궁금한 건 학교생활을 잘하는지 혹은 무슨 고민거리가 있는지 등등의 근황이다. 먼저 다가와 살갑게 이것저것 조잘대며 얘기를 해주면 좋으련만……. 아들은 묻는 말에만 단답형으로 대답한다. 좀처럼 속마음을 털어놓지 않는 아들 모습을 보면서 걱정이 앞섰다.

자녀와의 대화가
참 어려운 요즈음의 부모

무관심했다는 자책감과 함께 커뮤니케이션 강의를 하는 사람이 정작 아들과의 대화에서는 낙제점 소통을 하고 있다는 부끄러움이 밀려왔다. 이후 아들의 언어를 이해하려는 노력을 했다. 아들의 생각과 심중을 이해하지 않고서는 제대로 된 대화가 어렵다는 사실을 알게 된 까닭이다.

일방적으로 지시하고 훈계하고 또 지적하는 것으로는 아들의 말문을 열기 어렵다. 아들에 대한 조용한 관찰을 시작했다. 아들을 사랑하는 만큼 관심을 가지기로 했다. 시간을 최대한 할애해 아들 녀석이 좋아하는 축구장에 가 힘찬 응원을 함께하며 한마디 던졌다.
"너 요즘 공부 잘하니?"
역시 변한 게 없는 재미없는 질문이었다. 헌데 녀석이 고맙게도 예전과 조금 다른 반응을 보였다.

"알면서……. 최선을 다하는데 잘 안 돼요. 그래도 괜찮죠?"

우문현답이랄까. "어어." 하고 얼버무렸지만 아빠 마음을 조금씩 받아들이는 녀석이 무척 고마웠다.

당신 직장의 회의실과 엘리베이터 안 분위기는 어떠한가

어떤 조직이 소통이 잘되는지 혹은 안 되는지를 알려면 두 군데의 분위기를 살펴보면 된다.

첫 번째 공간은 회의실이다. 신입사원부터 간부까지 막힘없이 대화를 할 수 있는 분위기가 조성돼 있는지 여부다. 각자의 회의실 광경을 떠올려보자.

최고 관리자 주도하에 단답형의 체크리스트 대화를 하고 있지는 않은가? 혹은 회의 주재자의 입만 바라보며 업무 지시를 수동적으로 받는 회의를 하고 있는가? 아니면 상하 구분 없이 활발하게 의견을 나누고 그 의견들이 생산적으로 수용되는 분위기인가?

사실 좋은 리더의 덕목은 회의실에서 발견되기 마련이다. 딱딱한 공간이 아닌 모두가 편하게 대화할 수 있는 공간을 만들어주는 리더십이 참으로 강조되는 요즈음이다. 또 회의실에 '악마의 변호사'[1] 같은 비판자가 있는지 여부도 중요하다. 리더의 생각과 다른 의견이 회의실에서 거론되는 조직이 장기적으로 건강하다.

하지만 안타깝게도 우리 사회의 비즈니스 조직은 대부분 오너 혹은 최고 리더의 의견을 받들기 위한 실행 계획만을 회의실에서 점검한다. 상명하달의 수직적 관계가 선명하게 드러나는 딱딱한 조직 문화가 여전히 지배적인 게 사실이다. 결국 기능적 업무를 담당하는 조직원을 양산시키고 있다.

비판 없는 회의는 단적인 예로 집단 사고[2]의 위험을 불러올 수 있다. 훌륭한 국가 리더로 평가받는 미국의 케네디 전 대통령조차도 집단 사고를 방지하지 못해 피그스만 침공 사태[3]라는 최악의 외교 참사를 빚은 적이 있다.

또 한 공간은 엘리베이터 안이다. 밀폐되고 폐쇄적인 공간이다. 우연찮게 신입사원과 회사 임원 단둘이 엘리베이터를 타게 된다. 묘한 분위기가 흐르고 좀 어색하다. 임원이 묻는다.

"요즘 어때요? 별일 없어요?"

이어진 신입사원의 답변은 간단하다.

"넵."

그리고 대화 단절! 사내에서의 지위 차이가 많이 나는 경우에 볼 수 있는 이런 광경은 그럭저럭 이해가 된다. 그런데 비슷한 지위의 직원들 간에도 냉랭한 기운이 감지되는 광경을 목격할 때는 이런 생각이 든다. '이 회사 정말 소통이 잘 안 되는 조직이구나.'

여러 회사의 엘리베이터를 타다 보면 각각의 분위기가 천태만상인 것을 느끼게 된다. 활기차고 훈훈한 얘기들이 오가는 경우가 있는가 하면, 건조하고 의례적인 말과 어색한 침묵들이 숨을 멎게 하는 듯한 곳도 있다. 오랜 경험상 이런 분의기는 곧바로 사무실 전체 분위기와 연결되는 경우가 대부분이었다. 작은 공간에서의 소통 분위기는 회사 전체의 소통 수준을 대변하는 척도인 셈이다.

이 책의 출발점이 여기에 있다. 불통의 공간을 소통의 공간으로 변화시키기 위한 관점을 알차게 만들어가자는 것이다. 눈치 감수성이 뛰어나고 이에 기초해 적절한 소통 행위를 하는 사람이 이를 가능케 한다. 그 기술이 중요한 시대다.

가장 어려운
남녀 간의 대화

연애하는 남자가 가장 두려워하는 말이 있다.
"오빠 내가 왜 화났는지 모르지?"

미혼인 남자 후배들이 하는 말에는 공통점이 있다. 여자 친구가 왜 화가 났는지 도통 이유를 모르겠다는 것이다. 왜 이런 일이 발생할까? 최근 발표되고 있는 남녀 간의 뇌 구조와 호르몬 차이에 대한 연구 결과를 살펴보면 조금은 실마리를 찾을 수 있어 보인다.

이 연구 중에는 남자가 뇌의 한쪽만 사용하는 반면 여자는 양쪽을 다 사용하기 때문에 여성이 언어 구사력이 뛰어나다는 주장이 있다. 그 예로 중풍 환자들이 치료를 받을 때 여성의 언어 회복력이 상대적으로 높다는 것이다.

영국 바스(Bass)대학의 마크 브로스넌(Mark Brosnan) 교수는 임신 8~14주경에 분비되는 남성호르몬인 테스토스테론이 뇌의 차이를 만든다고 주장한다. 그리고 그 차이가 기능의 차이로 연결되며 그것으로 인해 뇌의 성향을 결정한다는 설명을 곁들인다.

남녀의 세계관 비교도 흥미롭다. 우선, 남자는 대상 중심의 성향과 세계관을 가진다는 것이다. 즉 자신과 대상을 분리해 객관화하고 '준다'는 의미의 'give'의 인지 체계를 가진다. 반면 여자는 자아 중심의 세계관을 가지며 자신과 대상을 항상 연관시키는 특징이 있고 '가진다'는 'take'의 인지 체계를 가진다.

예를 들어보자. "오늘 춥지?"라는 여자의 말에 남자는 "괜찮은데."라고 객관적으로 말한다. 관계성을 투영하지 않고 분리시키는 것이다. 그런데 여자의 말에는 "나도 추운데 너도 춥지?"라는 의미를 담고 있다. 즉 의도를 투영하고 공감받기를 원하는 것이다.

예쁜 가방을 보고 여자가 "우아, 예쁘다."라고 하면 어떻게 해야 할까? 보통의 남자는 "이쁘네."라고 말하지만, 여자가 원하는 것은 아마도 자신과 연결시켜 "네가 들면 더 예쁠 거야."라는 답일 것이다.

갈등이 발생했을 때도 다른 양상을 보인다. 남자는 상대가 왜 그런지 그 이유를 궁금해한다. 반면 여자는 상대가 왜 자신에게 그런 태도를 보이는지에 관심을 갖는다. 남자가 분리시켜 생각한 반면 여자는 늘 자신과 연관시켜 바라보는 셈이다. 이런 차이로 인해 사랑하는 남녀 사이의 대화는 어긋날 수 있다. 또 심해지면 갈등이 생겨나고 그 갈등을 제대로 해결하지 못하면 새드 엔딩이 되는 것이다.

눈치 능력은 상대를 이해하려는 공감 능력 같은 것

이런 남녀의 차이를 인정하는 것은 서로를 이해하는 과정이기도 하다. 아름다운 사랑을 꿈꾸는 사람이라면 아름다운 소통에

정성을 다해야 한다. 이성을 잘 이해하고 공감하려는 품성이 좋은 사람이 연애를 잘하기 마련이다. 반대로 이성에게 느끼는 매력만을 소유하려는 사람은 결국 쓰린 경험을 하게 된다.

서로가 보내는 감정의 신호체계가 다른데 이를 감지하지 못하고 상대가 엇박자를 낸다며 불편한 감정을 드러내는 경우를 수없이 보게 된다.

사랑을 잃은 사람들의 하소연은 대부분 이러한 소통 실패가 달려 있다. 차이에 대한 인정은 남녀 간뿐 아니라 모든 사람과의 관계에서 필요한 소통의 출발점이다.

그 차이를 인정하고 상대를 존중하면서 상대의 속마음을 이해하는 능력이 곧 눈치 능력이다. 그러니까 눈치 능력은 상대를 이해하고 배려하려는 노력을 많이 해서 생기는 공감 능력 같은 것이다. 따라서 우리가 흔히 말하는 '눈치 빠른 사람의 순발력 혹은 임기응변 능력'과는 구분되어야 한다.

남녀 간 대화 방식의 구체적 차이를 살펴보자. 대개 남자는 상대적으로 사실 표현에, 여자는 감정 표현에 집중하는 경향이 있다. 한 여성이 "우리는 통 외출하지 않아요."라고 느낌을 표현하면 남자는 이렇게 말한다. "지난주에 했잖아……."

또 남자는 신뢰를, 여성은 관심을 원하는 편이다. 남자는 여자로부터 "당신을 믿어요. 잘할 거예요." 하는 갈에 크게 기뻐한다. 반면 여자는 하고 있는 구체적인 일들에 대해 끊임없이 관심을 보이는 남자에게 마음이 끌리곤 한다.

남자와 여자의 차이를 '동굴형'과 '우물형'이란 표현으로 비교하기도 한다. 즉 남자는 어떤 문제가 생기면 혼자만의 동굴에 들어가 해결하려고 하고, 여자는 감정이 우물과 같아서 우물물이 넘치는 듯한 감정의 격랑에 빠진다는 것이다.

회사에서 안 좋은 일이 생긴 남편이 집에 들어가 혼자만의 시간을 갖고 싶어 한다. 눈치를 챈 부인이 관심을 표한다.
"여보, 무슨 일 있었지?"
대답하기가 싫은 남편이 구석진 서재의 책상으로 자리를 옮긴다. 따라 들어온 부인이 재차 묻는다.
"무슨 일이 있었는지 말 좀 해봐."
남편이 화를 내며 말한다.
"아무 일 없었다고. 왜 이렇게 귀찮게 해."
부인은 의기소침해하며 말한다.
"어떻게 나에게 이럴 수 있어? 당신은 날 사랑하지 않아……."

그러면서 그 자리를 황급히 뜬다. 부인의 눈에는 눈물이 넘쳐 난다. 우물물이 넘치듯이.

눈치 없는 대화는
공감을 얻지 못한다

눈치가 없는 상태에서의 대화는 참으로 녹녹지 않다. 서로에 대한 인정이 없는 상태에서의 대화는 상당히 건조하기 마련이다. 왜 대화가 어려울까? 서로를 존중하는 대화가 체득되어 있지 않은 점을 지적할 수 있다.

서구에서 토론 문화가 활발한 것은 어린 시절을 보내는 거실의 환경[4])과 관련이 있다. 어린 시절부터 부모와 얼마나 자주 대화하고 그 광경을 지켜보는지가 아이의 커뮤니케이션 능력에 직접적인 연관이 있다는 것이다.

우리나라 가정에서도 대화는 이루어지지만 실속 있는 경우는 드물다. 진지하면서도 즐거운 일상의 대화를 통해 상대를 이해해 나가는 그런 소통이 제대로 이뤄지지 않는다. 대개 부모의 애정 표현 외에는 잔소리나 지시로 이어지는 일방성이다. 자녀 역시 부모의 지시에 대한 순응 혹은 거부의 소통을 주로 한다.

소통 문화가
매우 척박한 우리 사회

단적으로 우리나라의 거실은 대화의 공간이라 하기 어렵다. 음식 등을 함께 먹거나 TV를 보는 공간으로 전락한 까닭이다. 학교교육도 마찬가지다. 말하기, 소통, 대화에 대한 수업이 매우 부실한 실정[5]이다.

소통 문화에 대한 사회적 가치도 낮은 편이다. 최근 소통의 중요성이 상당히 강조되고 있지만 여전히 갈 길이 멀다. 건강한 소통을 가로막는 장애물이 너무 많다. 옷만 바꿔 입은 보수-진보의 낡은 이념대립으로 엄청난 사회적 비용이 소모되고 있다. 재벌과 기득권층의 일방적 소통 관행은 일반 국민과 젊은 세대들의 고통으로 이어지는 구조가 여전한 상황이다.

소통이 필요한 시대에 소통의 지도자는 극히 드물다. 강력한 정치 팬덤은 있지만 광기의 소통이 될 때가 많다. 또 우리 사회를 통합하는 대화와 토론, 스피치에 대한 역할 모델도 찾아보기 쉽지 않다. 전 세대와 계층을 아우르며 건강한 문화를 이끌 대화, 스피치 등 커뮤니케이션 문화가 지극히 활발하지 못하다는 방증이다.

이기적인 대화와 독선의 대화

대화의 사각지대를 우리가 인식하지 못하기 때문에 대화가 어려운 점도 빼놓을 수 없다. 자신이 말을 하면 모든 사람이 집중해서 들을 거라는 착각에 빠지곤 한다. 이런 착각에 빠진 사람은 상대의 상태를 파악하지 못한 채 일방적인 자기 이야기를 나열한다. 당연히 이기적인 대화가 된다. 하나의 사실을 근거로 자신의 이야기가 정당하고 옳은 것이며 자신 위주로 모든 것을 재구성하는 독선의 대화가 된다.

대화의 사각지대에는 감정과도 관련이 있다. 불안정한 감정 상태에서는 대화가 원만하게 이어지기 어렵다. 모든 신경은 자신의 감정에 쏠려 있기 때문이다. 다른 사람을 이해하거나 정보를 받아들일 여유가 없다. 상대가 중요하다고 말을 해도 허투루 듣거나 흘려버리게 된다.

언어도 중요한 역할을 한다. 잘못 내뱉은 언어가 사람 사이의 오해를 불러오는 불씨가 되는 경우가 다반사다. 언어는 기본적으로 추상적이다. 말하는 사람의 의도가 들어 있지만 그것을 어떻게 바라보고 해석하느냐에 따라 완전히 다른 내용이 될 수 있다.

"당신이 알아서 해."라는 말 속에는 상대에게 주도권을 주는 의미도 있는 반면, 귀찮고 짜증이 나서 상대에게 일을 미루는 의미도 있다. 그렇기 때문에 상황에 맞게 언어를 해석하고 받아들이는 것이 중요하다. 또 언어는 사실과 의견이 혼재되어 있다.

앞에서 살펴본 것처럼 생산적인 대화와 원활한 소통은 말처럼 쉬운 게 아니다. 우리 사회에 만연한 혐오 이데올로기도 그리 쉬운 문제가 아니다. 하지만 뒤집어 보면 자신을 사랑하는 자기애만큼 소통을 소중하게 여기면 우리의 삶은 촉촉해질 수 있다. 상대를 인정하고 상대로 하여금 자신을 편안한 사람 혹은 말을 함께 나눌 수 있는 사람으로 인식하게 만든다면 일상이 즐거워질 수 있다.

소통을 제대로 못하는 것은 상대를 인정하고 그것으로부터 공감을 만들어가는 능력이 부족하다는 것이다. 즉 상대를 파악하는 노력을 게을리해 상대와 공감하는 눈치 능력이 없다는 것이다. 눈치 능력은 일상의 노력과 지속적인 훈련에서 길러진다. 끊임없이 관찰하고 사람들을 이해하려는 지혜로운 행동 바로 그것이다.

권력을 가진 사람은
공감력이 떨어진다

지금 당장, 이마에 알파벳 E를 손가락으로 한번 그려보자! 어떻게 그렸는가? 자기 방향으로는 맞지만 다른 사람이 보기에 불편하게 그렸는가? 아니면 본인 입장에서는 정반대지만 다른 사람이 보기 좋게 그렸는가?

커뮤니케이션 학자 글렌 하스(R. Glen Hass)가 1984년에 이 실험을 했다. 그 결과 권력을 경험했던 사람의 33%가 자기중심적으로 손가락 그림을 그렸다. 즉 타인이 보기에 어렵게 E를 그린 것이다. 반면 권력 경험이 없는 사람의 그 수치는 12%에 불과했다. 3배나 차이가 난 것이다. 다시 말해 권력 경험이 많고 그 권력이 강할수록 남의 입장이 되어 생각하는 관점 바꾸기, 즉 조망수용(Perspective-taking) 능력이 떨어진다는 걸 알 수 있는 있는 대목이다.

다른 실험도 있다. "그 영화 완전 끝내주던데."라는 말을 들으면 어떻게 해석하는가? "끝내준다."는 표현은 '진짜 좋다'는 해석도 가능하지만, 비꼬면서 '완전 별로다'라고 생각할 수도 있다. 이 말을 문자메시지나 메일로 보게 되면 의도를 파악하기가 더 어렵다.

실험은 이렇게 진행됐다. "상대방이 이 메시지를 얼마나 정확히 이해할 것 같습니까?"라고 물었는데, 권력 경험이 많은 사람일수록 상대방의 이해도를 과대평가하는 것으로 나타났다. 그러니까 상대도 자신이 의도한 대로 해석할 거라고 믿었다는 것이다. 상대방 입장에서 보는 게 아니라, 자신이 판단한 걸 다른 사람도 똑같이 판단할 거라고 생각한 것이다.

또 다른 실험에서는 공감능력을 살펴봤다. 여러 감정이 담긴 표정을 보여주고 각 표정이 어떤 감정을 의미하는지 맞혀보라고 했는데, 역시나 권력 경험(High power 조건)이 있는 사람들이 오답 수가 많았다. 이처럼 권력을 가지면 조망수용 능력이 떨어진다는 것이다. 조망수용은 자신의 관점과 타인의 관점을 별개의 것으로 구분해서, 타인의 생각, 감정, 지식 등을 그 사람의 관점에서 이해하는 능력을 말한다.

눈치 없는 리더는
독재자가 된다

버클리대 심리학과 다처 켈트너(Dacher Keltner) 교수는 20여 년 동안 현장 조사를 진행했다. 그는 권력자가 되면 뇌에 손상을 입게 된다고 주장했다. 그리고 공감 능력이 떨어지고 오만 신드롬에 빠지게 된다고 경고한다. 권력이 생기면 특히 뇌의 공감 능력의 원천인 거울 뉴런이 손상된다고 지적한다. 보통 사람은 상대방이 웃으면 따라 웃고, 상대방이 긴장하면 같이 긴장하기 마련이다.

인간은 이렇게 함으로써 상대방의 감정과 경험을 공유하고, 상대방의 입장에서 사물을 인지하게 된다. 그런데 권력자가 되면, 다른 사람 흉내 내기를 멈추게 된다는 것이다. 이는 상대의 감정을 따라하거나 읽을 필요가 없어지기 때문이다. 다시 말해, 눈치 볼 필요가 없어진다는 이야기다.

권력자가 되면 주변의 많은 사람이 잘 보이려고 아부하고 칭찬하기 마련이다. 주변인들이 권력자의 눈치를 보면서, 권력자는 역으로 눈치를 볼 필요가 없어지게 되는 것이다. 그런 과정 속에서 뇌 손상을 입게 되고 조망수용 능력이 떨어진다.

미국 역대 대통령 중 상당수가 정신질환에 시달렸다는 사실도 흥미롭다. 우드로 윌슨은 뇌졸중에, 린든 존슨과 시어도어 루즈벨트는 조울증에 시달렸다. 2008년 하계올림픽 당시 조지 부시 대통령도 미국 국기를 거꾸로 들고 있다가 눈총을 받았다. 상대가 보는 방향이 아니라, 자기 방향에서 국기를 든 까닭이다. 이것 역시 공감능력 상실의 한 단면으로 볼 수 있다.

켈트너 교수는 공감능력을 잃어가는 뇌의 손상을 치유하기는 쉽지 않다고 말한다. 이 문제를 해결하려면 최소한 자신의 권력을 의식하지 말아야 하지만 그렇게 하는 것이 쉽지 않다. 물론 자리에서 물러나면 서서히 회복될 것이다.

한번 생각해보자. 당신이 조직의 리더라면, 직원들을 이해하려는 시간을 얼마나 가졌는지 헤아려보라. 리더의 깊은 마음(?)을 알아주지 못하는 이기적인 직원들 때문에 스트레스를 받았다는 얘기를 던지기 전에 공감하려는 자세가 부족했다고 고백하라. 당신의 생각도 옳다. 직원들은 회사보다는 자신을 위하는 이기적인 사람들임에 틀림없기에. 하지만 그걸 알고도 채용한 건 당신이다. 그들과 소통하라. 눈치를 살피면서 공감하라. 그래야 진짜 리더가 된다. 눈치 없는 리더는 독재자가 되기 십상이다.

역사 속에 드러난 눈치의 달인

"눈치가 빠르면 절에 가서도 젓갈을 얻는다."라는 말이 있다. 그만큼 눈치가 있으면 여러 이득이 있다는 말이다. 눈치와 관련된 유용한 사자성어가 있다.

'이시목청(耳視目聽)'. 귀로 보고 눈으로 듣는다. 직접 보지 않고서도 말하는 표정만 보고 알아차릴 정도로 눈치가 빠르고 총명한 사람을 비유하는 말이다.

'안명수쾌(眼明手快)'. 눈썰미가 있고 손놀림이 빠름을 의미한다. 이처럼 눈치는 예로부터 사람과 상황을 파악하는 능력으로 인식되어왔다.

과연 역사적 인물 중 눈치 능력이 탁월한 사람은 누구일까? 역사적 인물에 대한 기록과 전해지는 에피소드를 통해 그들의 성격을 유추해 볼 수 있을 뿐이다. 완벽하게 눈치가 좋은 사람이라고 단정할 수는 없지만, 전해지는 사건 등을 통해 눈치가 빠른 인물로 추정해볼 수 있다. 눈치가 빠른 사람은 대부분 참모, 책사였다. 사실은 긍정적 눈치보다는 교활하고 술수에 능한 측면이 강하지만 시사하는 바와 배울 점이 적지 않다.

눈치가 빠른 모사가와 지혜로운 전략가

눈치가 빠른 모사가가 "어떻게 하면 다른 사람을 이용하여 목적을 달성할까?"라고 생각한다면, 지혜로운 지략가는 "어떻게 하면 조화롭게 타인과 함께 뜻을 이룰 것인가?" 하며 고민한다고 할 수 있다. 같은 눈치라도 어떤 용도로 사용되는지에 따라 천차만별이다. 책사라고 하면 삼국지의 제갈공명을 생각하는데 사실 더 뛰어난 눈치 능력을 가진 사람은 조조의 책사 가후가 아닐까 생각한다.

그는 신의보다는 계략과 권모술수가 판치는 조조 휘하에서 80살까지 장수한다. 다른 참모들은 사약을 받거나 귀양을 갔지만 그는 말년까지 조조 곁을 지켰다. 세력을 만드는 것을 싫어하는 조조의 마음을 읽고 책사가 된 이후에는 아예 사람들과 어울리지 않았을 정도로 철저히 자기 관리를 했다고 한다. 그럼 우리 역사 속에서 눈치 능력이 뛰어난 사람은 누가 있을까?

"모든 것이 이 손안에 있소이다."

예전 광고의 한 대목이다. 바로 이 광고의 주인공은 수양대군의 책사, 한명회다. 그는 조카 단종을 폐위시키고 수양대군이 왕위를 빼앗는 데 결정적인 역할을 한 참모다. 1461년 9월 실록에 "모든 형벌과 상을 주는 것이 모두 그(한명회) 손에 있었다."라는 표현이 있다. 그만큼 그의 위세가 대단했다는 것이다. 그의 눈치가 얼마나 뛰어났는지 알 수 있는 사건이 있다.

책략과 술수의 달인, 한명회의 처세술

《세조실록》에 보면 술자리 관련 기록이 무려 467건이 나온다. 세조는 자신을 왕으로 만들어준 공신과의 술자리를 즐겼다. 흥이 나면 춤을 추거나 즉석에서 게임을 하는 등 격의 없이 지냈다고 한다.

그런데 하루는 술에 취한 세조가 신숙주에게 자신의 팔을 비틀어보라고 한다. 그런데 고지식하고 눈치 없는 신숙주는 분부대로 세조의 팔을 세게 비틀어버렸다. 분위기는 이내 냉랭해졌다. 세조는 불쾌한 마음이 들었다. 자신을 능멸한 것이라고 생각했다.

　이 상황을 물끄러미 지켜본 한명회는 술자리가 파한 뒤 신속하게 움직였다. 하인을 시켜 신숙주에게 술에 취해 자는 척하라는 전갈을 보낸다. 신숙주는 취중에도 집에 가면 책을 보는 습관이 있는 걸 익히 알고 있었기 때문이다. 실제로 세조는 사람을 보내 신숙주가 술에 취했는지 동태를 살피라는 명을 내렸다. 그 결과를 보고받은 세조가 화를 거뒀다는 일화가 있다.

　한명회는 세조의 마음을 읽었고, 신숙주의 평소 습관까지 알고 있었다. 그랬기 때문에 화가 될 뻔한 일을 방지할 수 있었다. 이 이야기는 문인들의 동향과 시화 기록집인 《소문쇄록》에 실려 있다.

　한명회의 눈치를 알 수 있는 또 하나의 사건이 있다. 1456년 세조 2년 사육신을 중심으로 한 단종복위 세력들이 세조를 몰아내려는 사건이 발생했다. 거사는 원래 명나라 사신을 위한 연회장에서 벌이기로 계획되었다. 연회에는 별운검이라는 왕을 호위하는 무관이 서게 되는데 그 별운검이 바로 사육신의 사람들이었다. 그런데 어찌된 일인지 거사 당일에 장소가 좁다는 이유로 별운검을 들이지 않게 된다. 그렇게 계획이 미뤄진 뒤 누군가의 배신으로 거사는 들통이 나게 된다. 당시 별운검을 세우지 말라고 지시한 사람이 바로 한명회였다.

그의 사망 후 기록에는 이렇게 적혀 있다.

'권세가 매우 성하여 따르는 자가 많았고, 찾아오는 손님들이 문에 가득했으나 응접하기를 게을리하지 않았다.'

권세가 없을 때는 물론이거니와 권세가 있을 때에도 사람과의 관계를 중시했음을 알 수 있다. 손님이 많아도 소홀히 하지 않고 정성껏 응대했다는 것을 알 수 있다.

책사는 결국 사람을 등용하고 전략을 짜는 사람으로 상대의 마음을 얻고 파악하는 것이 중요하다. 사실 한명회는 처음부터 잘 나갔던 것은 아니다. 수양대군을 만나기 전까지는 그의 삶은 고난의 연속이었다.

어린 시절 부모를 잃고 작은 할아버지 집에서 자랐다. 그는 성공하기 위해 과거를 보지만 번번이 떨어진다. 30살이 넘도록 과거에 낙방한 걸 보면 시험머리와 처세머리는 따로 있는 것 같다. 그러다가 친구인 권람이 장원급제를 하면서 수양대군을 알게 되고, 권람에게 간곡히 부탁해 수양대군을 만나게 된다. 그는 시대를 읽었고 수양대군의 야망을 읽은 것이다.

말년에는 두 딸을 예종과 성종에게 시집보내 왕실의 장인으로 입지를 굳혔다. 노년에는 노후를 위한 정자를 짓는데 그곳이 바로 압구정이다. 좋은 집안도 아니었고 과거에 급제하지도 못했으며 인생의 굴곡이 많은 그가 권력의 중심에 서게 된 것은 그의 처세술, 눈치 덕분이 아니었을까?

이방원을 왕위에 올린
책사 하륜

또 한 명의 눈치의 달인을 꼽으라고 한다면, 태종 이방원의 책사인 하륜이다. 한명회처럼 이방원이 왕위에 오르는 데 결정적인 역할을 한 사람이다. 이방원의 토사구팽 속에서도 유일하게 그의 곁을 지킨 사람이다.

자신을 낮추는 겸손의 미덕까지 가지고 있는 사람으로 알려졌다. 무학대사와 양대 산맥을 이룰 정도로 역술, 풍수지리, 관상 등에 재능이 있었다. 청계천을 만들어 홍수를 막는 등 조선 초기 정책 입안에도 큰 공을 세운 바 있다.

하륜의 눈치 능력을 엿볼 수 있는 일화가 있다. 이방원이 힘을 얻기 전의 일이다. 이방원 세력과 대립각을 세우고 있던 정도전 진영은 이방원 측의 힘을 빼기 위해 책사 하륜을 지방 관찰사로 보낸다. 그 일로 환송회가 열리게 되었다. 이방원과 하륜을 감시하는 눈이 워낙 많아서 둘은 긴밀히 이야기를 할 수 없는 상황이었다.

그때 하륜이 술상을 뒤집어엎어 버린다. 그 혼란한 틈을 타 이방원에게 계략을 전한다. 병력 보강이 절실하니 지방군수 이숙번을 포섭해야 한다는 계책이었다. 이 계책으로 이방원은 큰 힘을 얻게 되고 왕위에 한 걸음 더 다가갈 수 있게 돼었다.

눈치 빠른 전략가의
공통된 특징

한명회와 하륜. 전략가로서 눈치가 뛰어난 이들에게는 어떤 공통점이 있을까? 우선 다양한 경험을 들 수 있다. 두 사람 모두 젊은 시절이 순탄하지 못했다. 한명회는 30살까지 과거에 급제하지 못했던 초라한 선비에 불과했다. 하륜 역시 파직을 당하고 귀양을 가는 등 고려의 권력으로부터 수많은 핍박을 받았다. 두 사람 모두 주류가 아닌 비주류로 다양한 인생 경험을 하게 된다. 이것이 바탕이 되어 잡초 같은 처세술을 터득한 것이다.

인관관계 친화력이 높은 것도 그들의 공통점으로 들 수 있다. 두 사람 모두 사람 만나는 것을 즐겨했으며 대인관계의 중요성을 굳게 믿고 있었다. 그들 자체가 젊은 시절 기반이 없었기 때문에 생존을 위한 분투였을 수도 있지만, 어찌 됐든 사람 만나는 일에 상당히 공을 들였다.

목표의식이 치열했던 것도 그들의 성공 비결이라 할 수 있다. 그들의 환경과 업 자체가 눈치가 필요했다. 생존을 위한 처절한 투쟁의 산물이기도 하고 정치적 야망이 컸던 점과도 관련이 있다. 자신의 능력을 인정해주는 군주를 통해 자신의 성공을 성취하려는 치밀한 계획이 그들을 최고의 책사로 만든 동인이었을 테다. 목표가 분명했으니 굴욕을 당하더라도 후일을 도모할 수 있었을 것이다.

| 미주설명 |

1) devil's advocate. 어떤 사안에 대해 의도적으로 반대 의견을 말하는 사람. 이들의 역할은 모두가 찬성할 때 반대의 목소리를 내는 것인데 이는 토론을 활성화시키거나 다른 선택의 여지가 있는가를 모색하기 위한 것이다.

2) 집단 사고(groupthink)는 집단 의사 결정 상황에서 집단 구성원들이 집단의 응집력과 획일성을 강조하고 반대 의견을 억압하여 비합리적인 결정을 내리는 의사 결정 양식을 말한다.

3) 피그스만 침공(La Batalla de Girón)은 1961년 4월 피델 카스트로의 쿠바 정부를 전복하기 위해 미국이 훈련한 1400명의 쿠바 망명자들이 미군의 도움을 받아 쿠바 남부를 공격하다 실패한 사건이다.

4) 미국 커뮤니케이션 학회 연구 결과 시간당 1000 단어를 쓰는 가정과 시간당 300 단어를 쓰는 가정에서의 자녀의 커뮤니케이션 능력이 차이가 났다. 자녀의 언어 구사력, 자존감, 설득 능력에 있어 다양한 어휘를 사용하는 가정에서 30% 이상 능력이 뛰어났다.

5) 학교에서의 말하기 교과서는 중학교까지 있지만 실제로 진행되는 학교는 거의 없다. 초등학교에서는 말하기/듣기, 말하기/쓰기의 교재가 있지만 글쓰기 위주로 되어 있으며 말하기와 관련되어 체계적으로 가르칠 교사가 턱없이 부족하다.

PART 2

눈치 보는 삶과
눈치 있는 삶은 전혀 다르다

눈치에 대한 관점을
전향적으로 바꿀 때

"내가 눈치가 얼마나 빠른지 알아? 요즘에는 현관문을 열고 집 안 공기만 맡아봐도 아내의 기분을 바로 알 수 있다고……."

결혼 생활 20년이 넘은 한 선배의 조금은 익살스런 말이다. 술자리에서 웃으면서 던지는 농담 같은 것이지만, 확실히 그 선배의 말에는 뭔가 믿음이 간다. 그 선배는 평상시에도 상대를 배려하는 대화에 능숙하다. 무엇보다 구사하는 언어가 무척 부드럽다. 상대로 하여금 자연스럽게 자신의 얘기를 편하게 하도록 만든다. 또 그런 분위기를 곧잘 만들어 분위기를 훈훈하게 한다. 그리고 공적인 얘기든 사적인 얘기든 그 상황에 맞는 적절한 피드백이 이어지도록 한다. 말 그대로 부드러운 소통에 남다른 재주가 있어 보인다. 당연히 주변의 인기를 한 몸에 받고 있다.

참으로 부럽다는 생각을 종종 하게 된다. 그 선배를 볼 때마다 '눈치가 남다르고 지혜로운 사람'이라는 인상을 지울 수 없었다.

눈치를 보는 것과
눈치가 있는 것의 차이

그 선배의 눈치는 지혜에 가깝다는 생각을 하게 된다. 물론 눈치를 지혜와 비슷한 덕목 정도로 말하는 것은 비약이다. 그렇지만 남을 배려하고 상대의 처지를 잘 이해하며 그것에 맞는 적절한 대응을 하는 사람을 지혜로운 사람이라 해도 큰 무리는 아닌 듯하다. 앞서 말한 것처럼 '눈치만 보는 것'과 '눈치가 있는 것' 사이에는 엄청난 차이가 있다. 전자는 눈치를 보면서 수동적으로 사는 삶과 닮아 있다. 반면 후자는 적절한 행동과 어우러진다면 성공적인 사회생활로 이끄는 큰 힘이 된다.

사회가 복잡해질수록 눈치는 더욱 필요해진다. 현대사회에서 타인의 생각과 감정을 살피지 않고 제멋대로 살아가는 사람은 거의 없다. 그렇게 살아서는 이 사회에 적응하기 힘든 세상이기 때문이다. 만약 그런 경향성이 강한 사람이 있다면, 그 사람은 시대에 뒤떨어진 '루저'가 되거나 사람들로부터 유형 무형의 '따돌림'을 당하기 십상이다.

또 솔직히 말하자면, 눈치가 있는 사람이 대개 일도 잘한다. 상황에 맞게 효과적으로 대처할 수 있기 때문이다. 눈치는 기본적으로 상황 파악과 적절한 행동으로 이루어진다. 회사에서의 업무를 진행하는 데 있어 자신이 무엇을 어떤 방식으로 해야 하는지 정확히 파악해 적절히 대처하는 것이 무엇보다 중요하다. 회사에서 성과를 내는 20%와 그 반대인 80% 사람들 사이에는 '눈치'로 풀어 보는 함수관계가 분명히 존재한다.

눈치가 있는 사람은 상황에 맞는 대처 방법을 끊임없이 고민하고 이에 맞는 실천 방안을 강구한다. 그 과정에서 성과를 이끌어 낸다. 현대 생활에 꼭 필요한 요소인 원만한 대인관계와 긍정적 이미지 제고 역시 눈치와 깊은 관련이 있다.

눈치란 상대의 입장을
논리적으로 파악하는 것

눈치를 어떻게 정의할 수 있을까? 눈치는 사람의 눈을 가리키는 순수한 우리말 '눈'과 측량 또는 값을 나타내는 '치(値)'라는 한자어가 결합된 말이다. 정밀한 측정이 아닌 '목측'을 뜻하는 단어라고 할 수 있다. 국어대사전에서는 '남의 마음의 기미를 알아챌 수 있는 재주'라고 정의하고 용례로는 '눈치가 없다', '눈치가 빠르다' 등을 들고 있다.

또 다른 의미는 '속으로 생각하는 바가 겉으로 드러나는 어떤 태도'라고 정의한다. 용례로는 '눈치가 좀 이상하다', '가고 싶어 하는 눈치이다' 등을 들고 있다. 국립국어원 표준국어대사전에서도 첫 번째 의미는 '남의 마음을 그때그때 미루어 알아내는 것'이다. 또 두 번째 의미는 '속으로 생각하는 바가 겉으로 드러나는 어떤 태도'이다. 정리해보자면 상대방의 마음이나 자신이 처한 분위기를 파악하고 상대방이나 상황에 적합한 행동을 하는 것을 말한다.

눈치와 관련된 논문들[1]을 보면 대체로 눈치를 다음과 같은 특성을 가진 것으로 정의한다. 먼저 역동적인 의사소통 과정에서 의미와 맥락을 파악하는 것이다. 단순히 말의 내용만을 보는 것이 아니라 그 말에 담긴 의미와 맥락까지 알아차리는 것이다. 말뿐 아니라 상대의 행동과 침묵까지도 그 의도를 파악하는 것이 눈치이다.

다음으로 눈치는 공감의 한 부분이기는 하지만 정서적 부분보다는 인지적 부분이 강하다는 점이다. 정서적 공감은 상대의 감정을 느끼고 공유하는 것이다. 즉 눈높이가 같아져 상대의 처지와 입장을 같이 느끼는 것이다. 반면 인지적 공감은 감정적 부분보다는 판단과 생각을 통해 상대의 입장을 논리적으로 파악하는 것을 말한다.

눈치는 공감의 한 부분으로서 인지적 요소가 강하다고 볼 수 있다. 예컨대 한 모임에서 즐겁게 대화를 나눴지만 마음에 두고 있는 사람이 다른 사람을 보고 있다면, 뭔가 문제가 있다는 신호다. 마지막 시선이 머무는 곳이 어떤 의미를 가지고 있는지 냉정하게 판단해보는 것이 눈치이다.

또 눈치는 비언어적 단서에 의존하는 경향이 강하다는 특징이 있다. 기본적으로 우리가 언어를 통해 드러내는 말은 내용과 맥락으로 구성된다. "나 오늘 피곤해."라는 말을 살펴보자. 먼저 말을 한 사람이 말 그대로 피곤하다는 뜻으로 풀이될 수 있다. 그렇지만 전혀 다른 의미로 들릴 수도 있다. 상황 맥락상 상대에게 화가 잔뜩 나 있거나 대화 자체를 거부하려는 의미일 수 있다.

그러하기에 상황 맥락을 파악하기 위해서는 본능적으로 습관적인 비언어적 단서를 더 주목할 필요가 있다. 예컨대, 대화 시 팔짱을 끼는 모습은 자기를 방어하거나 자신의 의견을 고수하려는 의도가 강하다는 표시다. 손가락 장난을 친다는 것은 대화가 지루하다는 것을 내포할 때가 많다. 또 소매를 걷어 올리고 앞으로 나오며 말을 하는 것은 강한 의견이 있거나 논쟁을 하려는 징후라 할 수 있다. 손으로 턱을 괴는 것은 관심을 표명하는 것이고, 다리를 흔들고 손톱을 물어뜯는 것은 불안감을 나타낸다고 볼 수 있다.[2]

이런 비언어적 단서들이 모두 다 같은 의미를 나타내는 것은 아니지만 결정적인 증거가 될 수 있다. 상대와 만났을 때의 분위기, 상황, 비언어적 단서들을 종합적으로 판단해 상대의 심리나 기분을 파악하는 것이 눈치라고 할 수 있다.

인간의 생존과 함께 시작된 눈치의 기원

눈치는 인류의 역사와 함께했다고 할 수 있다. 공동체 생활이 이뤄지면서 힘을 합쳐 생존을 도모하는 순간부터 눈치가 필요했다. 대표적인 것이 사냥과 채집이다. 사냥을 하기 위해서는 동물의 위치와 상황뿐 아니라 동료의 위치와 움직임을 파악하는 것이 필수적이었다. 또 원시시대의 채집 행위는 집단 지식으로서 오랜 학습 경험을 통해 얻어지는 것이다. 어떤 열매는 먹어도 괜찮은지 아니면 문제가 있는지 등의 축적된 경험이 바탕이 되었다.

그 과정에서 어떤 위험들로부터 공동으로 대응하기 위해 동료의 모습을 살펴야 했다. 원시 인류의 가장 큰 화두는 생존이었다. 자신을 보호할 특별한 장치가 없는 상황에서 자신보다 몇 배 큰 다른 동물과 맞서기 위해서는 민감한 눈치가 절실했다.

자연환경에 대한 불안감도 크게 작용했다. 뭔가 불안하다 싶으면 빨리 피신을 해야 했다. 우리 뇌 구조의 한 축인 유사성에 대한 대응이다. 익숙한 형태의 것을 만나면 안심을 했지만, 다른 형태라면 일단 불안감을 느끼고 도망쳐야 했다.

눈치가 문제 해결을 위한 인지적 기제라면 불안은 살아남기 위한 정서적 반응이라고 볼 수 있다. 눈치는 문제를 해결하고자 하는 성향이 강한 반면, 불안은 일단 회피하고자 하는 성향이 강하다. 하지만 현실에서는 이 두 가지가 혼재되어 있다. 원시시대에는 이러한 '눈치채기'와 '눈치 보기'가 자연스럽게 생겼을 것이다.

눈치채기는 사물, 동물, 생물 등 모든 대상에 대해 알아채는 것을 말한다. 눈치 보기는 상대가 의도가 있다고 여길 때 나타나는 것이다. 이 당시 눈치의 바로미터는 생존 가능성이다. 무엇인가 나타나고, 무엇인가를 먹을 때 어떻게 해야 자신의 생존 가능성이 높은지를 파악하며 눈치 능력을 함양했을 것이다.

또한 집단생활을 하면서 그런 눈치의 노하우가 축적되었을 것이다. 당연히 집단의 리더가 생겨나고, 리더를 중심으로 정보의 힘에 의한 지배와 복종의 메커니즘이 자리 잡게 된다. 그러면 당연히 피지배자는 지배자의 눈치를 보게 된다. 또 그에 따른 권력 서열이 생기게 된다. 눈치는 인간이 생존을 시작하며 생겨났고 집단생활을 통해 더욱 개발되었다고 볼 수 있다.

체면과 요령이 요구되는 집단주의 사회

한국의 사회적 특성으로 체면, 의례성, 평계, 눈치 등을 꼽는다.[3] 봉건적인 신분제도와 권위주의 의식이 지배적인 사회와 관련성이 많다. 조선시대의 경우 신분이 열등한 사람이 신분이 높은 사람에게 절대적으로 복종하며 그들의 눈치를 보는 것은 너무나 당연한 것이었다. 일본이나 중국에서도 눈치와 유사한 표현이 발견된다.

일본에서는 "空をよむ"라고 하며 우리말로는 '공기를 읽는다'로 직역할 수 있다. 이 말은 분위기를 파악하는 것을 말한다. 중국에서는 '유안색(有眼色)' 또는 '간안색(看眼色)'이라는 표현을 쓴다. 유안색은 '눈빛이 있다'로 직역되는 말로 눈치가 있다는 뜻이다. 또

간안색은 '눈빛을 살핀다'는 의미로 눈빛을 통해 상대의 의도를 파악하는 것을 의미한다.

세 나라 사이에서 발견되는 특징 중 하나는 집단주의 사회라는 점이다. 집단주의 사회란 사회의 근본 구성 요소를 일차집단[4]으로 보고, 양보와 협동 및 자기 통제를 강조하는 사회를 말한다. 이와 대비되는 것은 서양으로 대표되는 개인주의 사회다. 서구의 경우 사회의 근본 구성 요소를 개인으로 간주한다. 다른 사람과 분리된 개인의 독립성과 차별성을 강조하는 사회를 일컫는다.

집단주의 사회는 연계성을 강조한다. 독립적 생각과 의견보다는 상대와의 관계 속에서 나의 위치를 더 중요시한다. 그러니 체면과 의례성이 강조될 수밖에 없다. 집단주의 사회는 또 자기 억제를 요구한다. 개인의 욕구나 목표를 추구하는 것이 집단 내 갈등을 조장하고 조화를 해친다고 보기 때문에 개인의 욕구를 억제하는 것이 강조되는 것이다.

또 다른 특징으로 고맥락 사회를 들 수 있다. 고맥락 사회에서는 문화의 동질성으로 인해 화법을 중요시하지 않는 경향이 강하다. 대신 드러나지 않은 부분을 강조하며 직접적인 의사소통 방식이 아닌 간접화법과 비언어적인 소통을 선호한다. 이와 달리 저맥락 사회는 집단의 이질성으로 인해 명백한 정보 교환을 중시하는 직접 화법이 우세하다.

위에서 살펴본 바처럼 눈치에 민감한 국가들은 대부분 집단주의 사회이며 고맥락 사회라 할 수 있다. 그런 사회에서는 당연히 체면이 중시되고 그에 맞는 적절한 요령이 요구되었다 할 수 있다. 말하지 않고서도 서로의 의중을 파악하고 적절히 대처하는 기술이 필요한 사회인였던 것이다.

대인관계 능력을 높이는 눈치 감수성

인류 역사와 함께했던 눈치를 우리는 대체적으로 부정적인 의미로 사용해왔다. 실상 역동적 의사소통 과정에서 반드시 필요한 인지적 기능임에도 말이다. 업무를 수행하고 관계를 맺을 때 눈치가 있다는 것은 큰 자산이다. 눈치 관련 논문을 찾아보면 눈치의 개념 논의, 척도 개발 그리고 효과적 측면에 대한 연구[5]가 주를 이루고 있다. 그중에서 재미있는 대목은 눈치의 효과 면이다.

우리나라의 경우 눈치 능력이 높은 사람이 대체적으로 대인관계도 좋다는 연구 결과가 인상적이다. 대인관계 능력이 높은 사람은 관계를 통한 만족감, 의사소통 능력, 신뢰감, 친근감, 민감성, 개방성, 이해성 등이 높다. 그런데 눈치 능력이 높은 사람이 대인관계의 전반적인 능력도 높았다. 즉 눈치가 있으면 관계를 맺는 능력도 높다는 것이 검증된 것이다. 또 흥미로운 것은 눈치가 높으면 자아 존중감도 높았다는 점이다.

우리는 흔히 자존감이라고 말하는 것은 자아 존중감과 자기 효능감으로 구성되어 있다. 자아 존중감은 자신을 가치 있게 여기는 정도이고, 자기 효능감은 자신을 능력 있는 사람으로 믿는 정도이다. 눈치 능력이 높으면 자신의 선택, 행동에 대한 확신을 가져 자신을 가치 있게 여기는 것으로 나타났다. 더 나아가 개인적 안녕감도 높았다. 개인적 안녕감은 삶의 질의 한 척도로서 행복감이라고 말할 수 있다. 눈치에 대한 선입관을 털어내고 관점을 전향적으로 바꾼다면 유연한 대인관계를 만들어가는 데 큰 힘을 얻게 된다. 뿐만 아니라 자존감과 행복감을 증대시키는 중요한 기능으로 활용할 수 있다.

어린 시절의 애착관계[6]와 눈치의 연관성 연구도 눈여겨볼 필요가 있다. 이에 따르면 어린 시절 부모와의 관계가 어떠냐에 따라 눈치의 성향이 달라진다는 것이다. 부모와의 관계는 크게 '안정 애착'과 '불안/회피 애착', '불안/양가 애착'[7]으로 구분된다. 여기서 양가라는 것은 반대의 감정이 교차되는 것으로 일관적이지 않아 예측이 어렵다는 것이다. 연구 결과 안정 애착은 적응적 눈치, 즉 여기서 강조하는 건강한 눈치와 관계가 있다. 반면 불안/회피 애착은 회피 눈치, 즉 단순하게 눈치만 보는 사람으로 성장할 확률이 높았다. 불안/양가 애착은 일관성 없는 눈치로 예측이 불가능한 특징을 가진다. 이처럼 어린 시절 부모와의 눈치와 애착 관계가 성인의 눈치 능력과 관련이 있다는 것을 알 수 있다.

건강한 눈치가 만들어내는 지혜로운 삶

일본 출장 때 혼자 길을 나섰다가 당황했던 적이 있다. 너무 멀리 온 것 같아 택시를 타려고 지갑을 확인했는데 호텔에 두고 나온 것을 뒤늦게 발견했다. 호주머니에는 버스를 탈 정도의 동전밖에 없었다. 호텔까지 택시를 타고 가서 돈을 지불하고 해결했지만, 짧은 순간이었지만 적잖게 놀랐었다.

지금은 해외에 나가면 현지 교통수단을 이용하는 것이 하나의 즐거움으로 자리 잡았다. 그 이후 해외를 가면 새로운 시도를 하고, 다른 사람들이 어떻게 하는지 관찰하는 습관이 생겼기 때문이다. 여행을 가서 현지인들의 행동과 태도를 관찰하는 습관이 여행의 새로운 즐거움이 된 것이다. 그 덕분인지 지금도 일본에 가면 현지인 못지않게 지하철과 버스 노선을 불편함 없이 이용할 수 있게 되었다.

눈치가 남다른 사람은 지혜로운 사람이라고 할 수 있을까? 여기서 말하는 눈치는 '건강한 눈치'를 의미하는 것으로 이 책의 핵심 주제이기도 하다. 건강한 눈치는 그 과정에서 불필요한 스트레스를 동반하지 않는다. 다만, 건강한 긴장이 생기는 것이다. 여러 사람과의 관계 개선을 위한 고민과 실천 방안 그리고 자신의 이미지 제고를 위한 관심이기 때문이다. 당연히 누군가의 눈치를 살펴야 하는 스트레스와는 그 성격이 질적으로 다르다. 또한 건강한 눈치는 가치 지향적이다. 누구의 약점을 잡기 위한 것이 아닌, 상대와 나 자신을 존중하는 가치이기 때문이다.

대인관계 능력을 좌우하는
눈치 감수성

사회생활의 중요한 두 축은 자신에게 부여된 기능 및 역할을 수행하는 능력과 대인관계 능력이라 할 수 있다. 자신에게 주어진 역할을 제대로 수행하는 데 있어 적절한 눈치는 필수적이다. 일을 하면서 상황을 빠르게 판단하고 효율적으로 일을 처리해내야 하기 때문이다. 대인관계 능력은 협동적인 상호작용이 필요하다. 이때에도 기민하고도 유연한 눈치가 제대로 작동해야 한다.

가드너(H. Gardner)[8]는 대인지능(interpersonal intelligence)이라는 개념을 언급하며 눈치를 설명한다. 대인지능은 타인의 기분, 동기, 의도를 파악하는 능력으로 눈치는 이것을 직관적으로 아는 것이라고 주장한다. 눈치도 직관적이기는 하지만 인지적 지능과 관련이 있다는 것이다. 특히 어릴수록 대인지능은 눈치에 좌우된다고 한다.

5세 아동은 오직 알기 위해 눈치를 보지만 50세 중년은 모르는 체하기 위해 눈치를 본다. 즉 어린 시절에는 새로운 정보를 얻기 위해 눈치를 보지만 나이가 들수록 상황을 판단하기 위해 눈치를 본다는 것이다. 가드너가 밝힌 것처럼 눈치는 지능적인 부분과 연결되어 있다. 눈치는 대인지능과 실용지능의 결합이라 할 수 있다. 타인의 의도를 파악하는 대인지능을 넘어 구체적으로 행동하는 실용지능까지 담는 포괄적이 개념인 것이다.

재미있는 것은 실용지능이 조건만 충족이 되면 지혜가 된다는 점이다. 지혜는 직관, 이성, 감성이 만나는 지점에서 만들어진다. 그런 의미에서 전문적인 실용지능이라 할 수 있다.[9] 즉 눈치는 대인지능과 실용지능의 결합으로서 그것이 성숙해지고 건강하다면 지혜로 나아갈 수 있다.

건강한 눈치는
곧 지혜가 될 수 있다

눈치 있게 상황을 주도하는 사람이 되고 싶은가? 그렇다면 먼저 자기조절 능력을 갖추어야 한다. 항상 모든 상황에서 눈치를 살필 수는 없다. 자기 스스로 조절하는 것이 관건이다. 그럴 때 스트레스를 제어할 수 있다. 가치 지향성도 중요하다. 서로의 가치를 존중하고 자신만을 위한 이기적인 것이 아닌, 상대까지 포용하는 것일 때 의미가 있다. 맥락에 따른 융통성 발휘도 간과할 수 없다. 무조건 눈치를 보는 것은 결코 좋은 행동이 아니다. 상황 맥락을 제대로 파악하지 못한다면 큰 낭패를 볼 수 있다.

눈치는 공감적 부분뿐만 아니라 지능적인 부분도 깊게 연관되어 있다. 눈치 능력이 뛰어난 사람이 더 나아가 지혜로운 사람이 되기 위해서는 무엇보다 장기적 안목을 배양하는 게 중요하다. 상대와의 관계를 계획하고 일관성 있게 접근하면서 그 과정에서 상황을 파악하는 혜안을 키울 필요가 있다. 심리적 성숙도 중요하다. 어떤 사소한 이익을 위해 집착하거나 불안해한다면 건강성을 잃게 된다.

올바른 상황 판단에 기초한 유연한 인간관계를 유지하는 일관

된 삶은 결국 지혜로운 삶으로 이어진다. 눈치가 지혜가 되는 경로인 셈이다. 지혜는 실용지능의 한 부분으로 실천을 통해 생기는 것이다. 건강한 눈치가 안정적으로 지속되면 관계와 업무적 성과를 이룰 수 있다. 직관과 이성, 감성이 만나는 것이 지혜라면 그 지점에 건강한 눈치도 있다. 건강한 눈치는 곧 지혜가 된다!

건강한 눈치는
건강한 자아에서

"우리의 불행은 대부분 남을 의식하는 데서 나온다."

철학자 쇼펜하우어의 말이다. 건강하지 못한 눈치는 엄청난 스트레스가 되고 종국엔 자신을 해치고 만다. 건강하지 못한 눈치를 가지면 현실 문제를 해결하지 못할 뿐 아니라 오히려 현실을 회피한다. 도망치고자 하는 마음이 커져 불안함에 빠지고 만다.

건강성을 잃은 눈치는 여러 폐해를 불러올 수 있다. 우선 폐쇄적인 사람이 된다는 점을 지적할 수 있다. 사람들과의 관계 확장을 두려워하게 되고 자신의 소심한 안위를 위해 눈치를 보게 된다. 변덕스럽게 변해가는 것도 큰 문제다. 감정의 기복이 심하게 되고 인간관계에서 자신감을 상실하게 된다. 자신을 잃어버린 채 사람들의 눈치만 보게 된다. 급기야 상황 맥락을 파악하지 못해 눈치 없는 행동으로 큰 낭패를 보게 된다.

    삶 역시도 피곤해진다. 눈치를 자주 보게 된다는 것은 무척 고단한 일이다. 삶이 피폐해지고 커다란 스트레스를 안게 된다. 또한 집착에 빠지기도 한다. 집착하게 되면 결과적으로 사람들의 신임을 잃게 된다. 행동 역시 관계를 해치는 경우가 빈번해지면서 자신을 곤경에 몰아가게 된다. 특정한 일에 대해 신경을 곤두세우고 불확실성이 커지면 불안감이 증폭된다. 특히 연인 사이에 이런 현상이 자주 나타나게 된다. 상대와의 관계에 있어 폐쇄성, 변덕스러움, 집착, 피로감이 커져갈 때 연애가 제대로 될 리 만무하다.

자신에게 맞는
적절한 관계망 관리

    관계의 구조조정도 염두에 둘 필요가 있다. 우리는 대개 아는 사람과 친한 사람을 구분하곤 한다. 모두 다 친한 사람일 수 없다. 내가 아는 모든 사람을 친한 사람으로 만드는 것은 사실상 불가능하다. 그럼에도 그렇게 하려는 시도는 무모할 뿐 아니라 어리석은 행동이다. 영국의 인류학자 로빈 던바(Robin Dunbar) 교수는 원시 부족 형태 마을의 구성원 평균이 150명 안팎이라는 것을 밝혀냈다. 그는 발이 아무리 넓고 사람 사귀는 재주가 뛰어나도 150명이 넘어가면 한계가 있다고 주장한다. 그러면서 150이라는 숫자는 술집에서 우연히 마주친 뒤 초대받지 않은 술자리에 동석해도 당혹스러워하지 않을 정도의 사람 수라고 정의했다.

그의 최근 연구에선 SNS 친구 1000명이 넘는 파워 유저라 하더라도 정기적으로 연락하는 사람은 150명 정도이고 그중에서 끈끈한 관계를 유지하는 사람은 20명이 채 안된다고 한다. 여기서 그의 연구 결과에서 나타난 150이라는 숫자는 그리 중요하지 않아 보인다. 다만 분명한 것은 건강한 관계망, 자신에 맞는 적절한 관계망 관리가 시사하는 바가 적지 않다는 것이다. 지나침은 항상 후유증을 낳기 마련이기 때문이다.

눈치만 보다가
치명적인 불이익과 마주하는 행동들

해결할 일과 견뎌야 할 일을 구분하는 것도 중요하다. 업무를 처리함에 있어 이러지도 저러지도 못하고 눈치를 보는 경우가 있다. 이때 내가 할 수 있는 일인지 견딜 수 있는 일인지를 객관적으로 파악해야 한다. 의지나 자존심으로 해결할 성격이 아닌 것이다.

최선의 노력을 다하고 열정을 갖되 버거운 일이라고 판단하면 즉시 적절한 행동에 나서는 것이 현명하다. 상사에게 적절한 타이밍에 솔직한 의견과 나름의 근거로 구체적으로 설명하는 게 필요하다. 단기적으로 질책을 받거나 창피를 당하는 게 두려워 회피한다면 문제가 심각해질 수 있다. 해결할 수 없는 일임에도 눈치를 보다가 타이밍을 놓쳐 버리면 더 큰 질책은 물론 치명적인 불이익들과 마주해야 한다.

건강한 눈치는 적절한 행동으로 구체화될 때 의미가 있다. 그러기 위해선 약간의 용기가 필요하기도 하다. 뻣뻣한 자존심으로 자신의 실수마저 부인하려 드는 눈치 없는 행동은 관계를 급격히 냉각시키고 만다. 더 나아가 개념 없는 사람으로 낙인찍히게 된다. 건강한 눈치는 나의 몸과 마음에 병이 들지 않게 하는 것이다. 사람들과의 관계는 언제나 크고 작은 스트레스를 동반하기 마련이다. 그 스트레스를 적절한 행동을 통해 풀어나가지 못하면 일상생활 전체까지 엉망으로 만들 수도 있다. 대체적으로 갈등의 원인은 매우 사소한 것에서 시작된다. 그것을 차분하게 살피는 것에서부터 건강한 눈치 능력을 키울 수 있다. 너무나 당연하게도 그럴 때 스트레스는 고통이 아닌 앞으로 나아가는 동력이 된다.

타인을 배려하는 사람이
가장 눈치를 잘 본다

눈치 상황을 자신이 조절할 수 있는지 여부도 잘 살펴볼 필요가 있다. 중앙대 심리학과 최상진 교수는 한국의 문화심리를 조사하면서 눈치 관련 4가지 성격 유형을 조사했다. 활동적, 타인 배려적, 기회주의적, 소심한 성격이다.

보통 기회주의적이고 소심한 성격의 사람들이 눈치를 잘 본다고 생각하지 마련이지만, 실상 활동적이고 타인 배려적인 사람도 눈치를 본다는 것이다. 활동적이고 타인 배려적인 사람은 관계를 위한 눈치였다. 가장 이상적인 것은 다양한 성격적 특징을 가지고 상황에 맞게 대처하는 것이다. 결국 눈치가 좋은 사람은 다양성을 인정하는 사람이라고 할 수 있다.

필자가 코칭했던 CEO가 언젠가 당황했던 일이었다며 들려준 이야기가 있다.

어느 주말에 골프 약속이 있었는데 마침 자신의 아내도 그 주변에 일이 있어 동행을 하게 되었다고 한다. 운전은 아내가 하게 되었다. 그런데 평소에 자신이 잘 다니지 않는 길로 가는 것이 아닌가? 처음에는 그런가 보다 했는데 길이 밀리기 시작했다. 그는 왠지 짜증이 났다. 부인이 말을 걸어도 답도 안 하고 불쾌한 표정을 지었다. 장소에 도착하고서는 "고맙다."는 말 대신에 퉁명스런 말을 건넸다.

"왜 그 길로 왔어. 길이 밀리잖아."

그런 후 아내 얼굴도 보지 않은 채 그냥 내렸다. 시계를 보니 아직 약속 시간까지 15분이나 남아 있었다고 한다. 불현듯 자신이 무척 부끄러워졌다고 고백했다. 뭐가 그리 급하기에 빨리 가는 것에 집착하고 아내에게 고맙다는 말조차 하지 못했는지 말이다.

대부분의 사람들은 작은 일에도 집착을 하고 강박관념을 가지는 경험을 한다. 건강한 자아 상태를 갖지 못해서 생긴 일이라 할 수 있다. 건강한 자아 상태를 유지할 수 없을 때 사람들은 실수를 하기 마련이다. 건강하지 못한 상태에서는 상대의 마음을 헤아릴 여유가 없을 뿐 아니라 상황을 제대로 파악하기 어렵기 때문이다.

의존 욕구를 버릴 때
자아가 건강해진다

　시간이나 일, 관계에 집착하는 사람들은 대부분 유아적 의존 욕구를 가지고 있을 확률이 높다. 모든 것을 내 위주로 생각하게 된다. 또 원하는 것이 많게 된다. 특히 직급이 올라갈수록 자기를 제어할 사람이 줄기 때문에 자기 위주의 경향성이 커지기 마련이다. 자아를 보는 기준이 다양하지만 크게 3가지로 구분해볼 수 있다. 균형 잡힌 자아, 유아적 자아 그리고 타인에게 끌려다니는 순종적 자아다.

　유아적 자아는 집착이 강하다. 순종적 자아는 소신이 없고 다른 사람에게 일방적으로 맞춰준다. 즉 유아적 자아는 눈치가 없고 순종적 자아는 눈치를 자주 보게 된다. 사실 유아적 자아인 사람과 순종적 자아인 사람은 서로 만나면 편하다. 왜냐하면 상호 보완적이기 때문이다. 하지만 건강한 관계는 아니다. 유아성과 순종성은 동전의 양면이다. 모두 다 내면의 의존 욕구가 있다. 내가 주체적으로 행동하고 느끼는 것이 아니라 다른 사람을 통해 나의 감정과 나의 위치를 확인하게 된다.

　내면의 의존 욕구가 사라지면 사람의 감정은 명확해지고 건강해진다. 순종적 자아나 유아적 자아를 가진 사람들은 건강한 사람을 만나면 처음에는 불편할 수 있다. 의존을 해야 하는데 그러지 못하기 때문이다. 따라서 유유상종으로 문제가 있는 사람은 문제 있는 사람들을 만나게 된다. 특히 유아적 의존 욕구가 잠재돼 있는 사람은 상대에게 양가적 감정을 느낀다. 즉 양립할 수 없는 모순된 감정을 가진다. 헤어지기는 싫지만 만나면 못마땅한 기분이 드는 것이다.

나의 눈치 수준은
어느 정도일까?

눈치는 진화의 산물이다. 불안과 우울이 정서적 진화의 산물이라면 눈치는 인지적 진화의 산물이다. 눈치는 논리학과 같은 논리적 사고의 산물까지는 아니더라도 원시적인 형태일지언정 인지적 요소가 강한 것은 분명하다. 눈치가 상황, 상대의 분위기, 그동안의 관계를 바탕으로 상황을 판단하는 기제이기 때문이다.

우리는 흔히 눈치를 보는 사람은 기회주의자로 판단하기 쉽지만 실상은 그렇지 않다. 활동적이거나 타인에 대한 배려가 강한 사람이 다른 사람들에 비해 눈치를 잘 본다는 연구 결과가 하나의 방증이다. 물론 소심하거나 기회주의적 사람도 눈치를 잘 보지만 그 성격이 전혀 다르다.

눈치가 좋은 사람들은 다양한 경험을 바탕으로 관계의 즐거움

을 알고 있는 사람들이다. 그리고 어린 시절 부모와의 건강한 관계를 통해 개방적 성격을 가진다.[10]

다양성을 수용하는 사람이 눈치 능력이 뛰어나다

또 다양성을 폭넓게 수용하는 사람들이 역시 눈치 능력이 뛰어나다. 그것은 그 능력을 단순히 기회를 보기 위해 사용하는 것이 아니라 역동적 의사소통 과정에서 타인을 위해 사용한다는 의미다. 우리 주위를 살펴보면 센스 있는 사람, 즉 상대의 기분을 잘 살피고 적절한 말을 통해 분위기를 밝게 만드는 사람들이 있다. 그들이 바로 눈치를 잘 보는 사람이다. 눈치의 영어 표현은 'sense'라는 사실을 상기하자.

그렇다면 눈치는 어떻게 구성되어 있을까? 그동안의 연구를 종합해보면 눈치는 '눈치파악'과 '눈치행동' 두 가지 요소로 구성되어 있다. 눈치가 단순히 상황을 파악하는 것에 그치지 않고 주체적이고 능동적으로 행동하는 것까지 포함한다는 의미다. 아마도 눈치가 부정적 이미지를 가지게 된 것은 단순히 눈치만 보는, 행동하지 않고 남의 기분만 살피는 줏대 없는 이미지가 강했기 때문일 것이다.

눈치파악 능력은 대체적으로 여자보다 남자가 높다고 한다. 반면 눈치행동 능력은 여자가 높다. 눈치파악은 다양한 상황 판단이 필요한 인지적 능력이 중요하다. 상대적으로 논리적 사고력이 강한 남성이 여성보다 높게 나온 것으로 유추해볼 수 있다. 반면 눈치행동은 상황에 맞게 공감적으로 행동하는 것이 중요하다. 정서적 부분에 있어 상대적으로 높은 능력을 가진 여성이 남성보다 우월한 것으로 보인다.

두 가지 요소, 눈치파악과 눈치행동

'눈치 있다'는 눈치파악과 눈치행동 능력이 모두 높아 적절한 대인관계를 맺을 수 있는 능력이 있다는 의미다. 반대로 '눈치 없다'는 눈치파악과 눈치행동 모두 낮아 대인관계에 문제가 발생할 수 있다는 뜻이다.

'눈치 보다'는 눈치파악 능력은 좋지만 적절한 행동을 하지 못하는 경우에 어울리는 표현이다. 눈치가 없고 눈치를 보는 사람이 아니라 눈치 있는 사람이 되는 게 인간관계를 형성해가는 핵심 키워드라 할 것이다. 눈치 개념 연구[11]에서 정리한 눈치 구조는 다음과 같다.

분류		상황(분위기)	대상
파악 여부	눈치 있다	상황에 맞는 적절한 행동을 하기 위해 분위기를 파악함	상대방의 상태에 맞는 적절한 행동을 하기 위해 상대의 기분이나 감정을 파악함
	눈치 보다	주눅이 들어서 분위기 파악함	주눅이 들어서 상대의 기분이나 감정을 파악함
	눈치 없다	분위기를 파악하지 못함	기분, 감정을 파악하지 못함
행동 여부	눈치 있다	상황에 맞는 적절한 행동을 함	상대에 맞는 적절한 행동을 함
	눈치 보다	내 생각과는 상관없이 상황에 맹목적으로 따라감	내 생각과는 상관없이 상대방에게 맹목적으로 따라감
	눈치 없다	상황에 맞는 행동을 하지 못하거나 상황에 맞지 않는 행동을 함	상대방의 기분이나 감정에 맞는 행동을 하지 못하거나 상대방의 기분이나 감정에 맞지 않는 행동을 함

정리해보자면 눈치라는 것은 상황이나 상대방의 마음을 파악하여 적절한 행동을 하는 것이다. 눈치 개념을 표로 정리하면 다음과 같다.

구성 요인		내용
눈치	상황(분위기) 파악	• 상황 판단, 분위기 파악, 맥락 파악, 주변 살피기, 상황 변화 파악
	상황에 맞는 행동	• 분위기를 이끔, 상황에 맞는 행동, 분위기를 따라감, 상황에 적응
	상대방 마음 파악	• 상대방의 기분 파악, 감정을 앎, 마음 이해, 필요한 것을 아는 것
	상대에 맞는 적절한 행동	• 상대방 배려, 원하는 것을 함, 기분에 맞게 행동

그럼 눈치가 발동하는 상황은 언제일까? 대단히 상식적이다. 거의 모든 대인관계에서 나타난다고 할 수 있다. 특히 자주 작동되는 상황들은 다음과 같다.

우선, 새로운 상황이나 예측이 불가능한, 즉 불확실한 경우에 더 많이 자주 작동된다. 한마디로 정보가 부족한 상황이다.

포럼이라는 공부 모임이 있다. 약 15년이 넘은 모임으로 공무원, 공공기관 임직원, 전문직, 기업인들이 이러저런 인연으로 모여 시작한 모임이다. 그때그때 이슈에 대해 세미나와 토론을 개최하곤 한다. 그곳에 간혹 신입회원이 들어오게 되는데 상당히 긴장하고 눈치를 보는 것이 보인다. 첫 모임에 오면 수십 장의 명함이 교환되며 자신의 공간에서 볼 수 없는 그야말로 다방면의 사람들을 쓰나미를 경험하듯 만나기 때문이다.

그런 상황에서 눈치를 잘 보며 적절히 대처하는 사람과 긴장해서 어쩔 줄 모르는 사람이 확연히 구분된다. 물론 소개팅이나 맞선, 새로운 장소에 가는 상황도 마찬가지일 것이다. 이처럼 정보가 없는 새로운 상황에서 당연히 눈치 기제가 발동된다. 문제는 어떤 방식으로 효과적으로 작동하는가이다.

윗사람이나 조직 내 상하 관계에서 발생하는 경우도 매우 많다. 신나게 이야기하다가도 갑자기 상사가 들어오면 '갑분싸'(갑자기 분위기 싸해짐) 되지 않는가? 그 이유는 상사의 영향력 때문이다. 상사가 사실 이득을 준다는 이유보다는 나를 괴롭힐 수 있다는 생각에 우리는 눈치를 본다. 상사나 윗사람으로부터 불이익을 받지 않으려는 방어적 기제일 수도 있다.

이해관계가 민감할 때도 눈치 상황이 빈번하게 발생한다. 나에게 피해가 된다거나, 이익이 될 때 한마디로 신경이 쓰인다. 어떻게 하는 것이 나에게 유리한지 자연스럽게 상황을 살피게 된다. 관계가 오래 지속되어 아주 특별한 사이가 될 때에도 눈치를 많이 보

• 평가 척도 •

(5: 매우 그렇다 4: 그렇다 3: 보통이다 2: 그렇지 않다 1: 전혀 그렇지 않다)

	항목	1	2	3	4	5
1	다른 사람과 대화를 할 때 상대방의 의도를 빨리 알아차릴 수 있다					
2	상대방의 의도를 잘 파악한다					
3	다른 사람이 돌려 이야기하더라도 그 의미를 잘 파악한다					
4	상대방이 무엇을 원하는지 빨리 파악하는 편이다					
5	상대방의 기분이나 감정을 빨리 파악하는 편이다					
6	무언가 필요한 상황이라면 먼저 알아차린다					
7	다른 사람이 이야기하려는 요지를 잘 파악한다					
8	말할 때 주위의 상황과 상대방의 입장을 고려해서 말한다					
9	남을 배려한다					
10	상대방의 기분을 고려하여 적절한 말을 하거나 행동을 한다					
11	다른 사람이 처한 상황이나 기분을 파악하여 상대방에게 필요한 것을 해준다					
12	다른 사람을 불편하게 하지 않는다					

게 된다. 그 사람에 대한 관심이 그만큼 깊어지기 때문이다. 사랑에 빠진 사람을 상상해보면 된다.

나의 눈치 능력 체크리스트

과연 나의 눈치는 어느 정도인가? 다음 제시하는 척도는 척도화 작업[12]을 거친 것으로 본인이 솔직하게 표시한다면 나의 눈치 정도를 알 수 있다.

당신의 점수는 몇 점인가? 눈치의 달인이라고 할 수 있는, 즉 생활 속에서 지혜의 단계에 오른 사람은 50점 이상이다. 45점 이상이라면 눈치가 아주 좋은 상위 10% 안에 든다. 사람을 만나고 방송에서 여러 상황을 파악하고 조율해야 하는 아나운서는 평균 40점이었다. 40점 이상만 되어도 눈치 없는 사람으로 취급받지는 않을 것이다.

눈치 능력을 키우는
지혜로운 기술

　눈치 능력을 잘 활용하면 대인관계와 업무 처리에 큰 도움을 받을 수 있다. 어색한 대화 공간을 소통의 장으로 변화시키는 지혜로운 기술은 어떻게 키울 수 있을까? 단계적인 눈치 프로세스를 통해 살펴보도록 하자. 흥미로운 사실은 건강한 눈치 능력이 어릴 때 일정 부분 결정된다는 점이다.

　사람들은 어린 시절부터 눈치를 본다. 선천적인 요소가 강하다는 것이다. 부모의 관심을 받고 필요한 것을 얻기 위해 눈치를 보게 되는 것이다. 유아기 때는 무작정 떼를 쓰다가 나이가 들면서 그것이 효과적이지 않다는 것을 경험적으로 알게 된다. 이때 중요한 것은 부모의 반응이다.

부모의 심리 상태가 미치는 아이의 눈치 감수성

아이가 부모에게 깊은 신뢰감을 가지고 있다면 자신의 의사를 왜곡 없이 표현하게 된다. 그럼으로써 눈치만 보는 아이가 아니라 눈치 있는 아이로 클 수 있다. 특히 중요한 것은 부모의 예측 가능성이다. 부모의 심리 상태가 안정적이면 아이는 부모의 행동과 감정을 미리 예측하고 건강한 눈치를 가질 수가 있다. 어떤 행동을 할 것인지를 제대로 판단하고 거기에 맞춰 행동할 수 있다는 것이다.

하지만 부모의 감정이 불안하고 감정 교류를 회피한다면 아이들은 혼란에 빠진다. 아이는 어떤 상황인지 어떤 행동을 하는 것이 좋은지 판단할 수 없게 된다. 어린 시절 부모와 안정적인 애정 관계, 애착 관계를 가지고 있다면 나중에 커서도 적응적 눈치, 즉 효과적인 눈치를 볼 수 있다.

반대로 부모와 아이 사이가 불안정하고 회피하는 관계라면 그 결과는 뻔하다. 남의 눈치만 보며 자신의 주체적 행동을 하지 못하는 사람으로 성장할 가능성이 높다. 또 감정이 기복이 심한 관계라면 아이는 나중에 일관성 없는 눈치를 보게 된다. 어린 시절 부모와의 관계에 따라 1차적 눈치의 질이 결정된다고 볼 수 있다.

눈치 프로세스 4단계

상황을 파악하는 과정은 쉽게 이루어지지 않는다. 우리는 순간적인 판단이라고 하지만 실상은 복잡한 정보처리 과정을 거친다. 일반적으로 4가지 단계를 거쳐 행동을 하게 된다.

우선 상황에 대한 부호화 과정이다. 상황 단서들에 집중해 나만의 방식으로 받아들이는 과정이다. 이 과정에서 모든 정보가 들어오는 것이 아니라 내가 파악하고 중요하게 여기는 것만 정보로 들어온다.

다음 단계는 표상의 단계다. 쉽게 말하면 모든 단서들을 구체적으로 형상화하고 판단을 하는 단계다. 단서들에 주의를 기울이고 기존에 알고 있었던 지식을 동원하여 상황을 판단하게 된다.

그다음 단계는 반응탐색 과정이다. 상황 판단이 끝난 후 향후 어떻게 대처하는 것이 좋은지 여러 경우를 모색하는 과정이다.

그리고 마지막 단계는 반응 결정이다. 여러 경우의 수를 따져서

사회적 정보처리 모델	눈치 프로세스
1. 상황에 대한 부호화 과정	상황 수집
2. 표상 과정	상황 파악 및 판단
3. 반응탐색 과정	행동 결정
4. 반응 결정	행동 실행

어떻게 행동하는 것이 좋은지를 결정하는 단계다. 사회학자인 더지(Dodge)가 주장한 사회적 정보 처리 모델을 눈치에 적용해보면 어떨까? 눈치를 보는 것은 한순간이지만 그 과정을 펼쳐 파악한다면 눈치의 능력을 키우는 데 어느 정도 도움이 되리라 생각한다.

눈치 프로세스의 1단계는 상황 수집이다. 둔한 사람이 있다. 상대가 기분이 좋든 나쁘든, 분위기가 어떻든 상관하지 않고 자기중심적으로 생각하는 사람들이다. 이들은 분위기가 어떤지 어떤 문제가 있는지 신경을 쓰지 않는다. 눈치를 잘 보기 위해서는 우선 상황 수집이 먼저다. 상대의 감정 상태, 다른 사람과 이야기할 때의 분위기, 상대의 비언어적 모습 등을 면밀히 지켜보고 단서들을 모으는 것이 중요하다.

다음 과정은 상황 파악 및 판단이다. 수집한 다양한 단서를 바탕으로 상황과 상대, 맥락과 의미를 파악하는 것이다. 내가 이야기를 해도 좋은 타이밍인지, 차라리 말을 하지 말고 이야기를 듣는 것이 효과적인지 등을 결정하는 것이다.

세 번째는 행동 결정이다. 어떤 상황과 분위기에서 어떤 행동을 하는 것이 가장 효과적인지 결정하는 단계다. 때로는 아무런 말도 하지 않고 가만히 있는 것이 좋을 수 있으며, 어떤 말과 행동을 해야 이 상황에 맞는지를 결정하는 것이다.

마지막은 행동 실행이다. 어떤 행동을 결정했다면 언제 하는 것이 좋은지 판단해야 한다. '카이로스(kairos)', 고대 그리스의 수사학자들이 말한 '적절한 때'이다. 커뮤니케이션 상황에서 가장 중요한 것은 적절한 때에 그에 어울리는 행동을 하는 것이다. 그러기 위해서는 앞선 과정들을 모두 충실히 수행해야만 한다.

눈치 능력
LEVEL - UP

그렇다면 눈치의 기술을 실질적으로 높이는 방법은 무엇인가? 먼저 관찰의 힘을 키우는 것이다. 사람들은 흔히 자기중심적으로 생각하고 판단하기 때문에 편안하게 상황에 임하면 내가 익숙한 것만 혹은 보고 싶은 것만 보게 된다. 바로 선택적 지각이다. 모든 상황과 사물이 다 보이는 것이 아니라 익숙하고 보고 싶은 것만 보이는 것이다. 사람들은 선택적으로 이해하고 기억한 것이 다른 사람도 동일하게 이해하고 본다고 믿는 경향이 있다. 하지만 그것은 착각일 뿐이다. 그 착각에서 벗어나는 것이 인식 전환의 출발점이 된다. 열린 시각과 개방적 자세가 필요한 지점이다.

우리는 곧잘 스키마(schema), 인식의 틀로 인해 상황을 객관적으로 보기 어려울 때가 많다. 스키마는 신념의 틀로서 자신들의 모든 생각들이 망라된 공고한 구조물이기 때문이다. 사람은 저마다의 믿음 체계를 가진다. 이것은 업무 진행에 있어 일관성을 유지하는 데 도움을 준다. 하지만 대인관계에 있어서는 강한 선입관으로 인해 불통의 요인이 될 수도 있다. 타인의 얘기를 수용할 줄 모른 채 자신만의 주장을 되풀이하는 그런 사람 말이다.

실제로 몇 년 전 영국 히드로(Heathrow) 공항에서 있었던 일이다. 한 중년 여성분이 한국에 귀국하기 전에 비행기 안에서 먹을 값비싼 쿠키를 면세점에서 샀다. 그런데 비행기가 연착이 되었다. 무료해진 그녀는 대기실에서 쿠키를 먹기 시작했다. 그러다 황당한 광경을 목격하게 된다. 그녀가 앉은 의자 옆 테이블에 뒀던 쿠키를 웬 노신사가 먹고 있는 것이 아닌가?

그녀는 기가 막혔다. 그런데 째려보니 외국인이었다. 영어에 능숙하지 못했던 그녀는 당황했다. 그녀가 할 수 있는 최선의 선택은 그 노신사보다 빨리 먹는 것이었다. 하지만 아뿔싸, 그 노신사도 먹는 데 속도를 내기 시작했다. 둘 사이에 어처구니없는 경쟁이 붙었다. 그리고 남은 쿠키 한 조각……. 그녀는 설마 했는데, 그 노신사가 마지막 쿠키를 손에 들고 있는 것이 보였다. 노신사는 그 쿠키를 반으로 쪼개 그녀에게 건넸다. 그녀는 너무나 화가 나 자리를 박차고 일어나 그 자리를 벗어났다.

잠시 후 겨우 진정한 그녀는 비행기에 탑승했다. 자신의 쇼핑백을 짐칸에 올려놓을 때였다. 무엇인가 툭 하고 떨어지는 게 보였다. 그것은 바로 쿠키 한 봉지였다. 뒤통수에 당치를 맞은 듯, 그때서야 자신의 엄청난 실수를 깨닫게 된 것이다. 좀 전에 먹었던 그 쿠키는 자신의 것이 아닌 노신사의 쿠키였던 것이다. 평소 건망증이 심했던 그녀는 그것을 철석같이 자신의 쿠키로 믿어 의심치 않았다는 것이다.

열린 마음으로
사물을 바라보는 연습

이런 경우가 바로 스키마의 전형적인 한 단면이다. 자신이 맞다고 판단하는 순간 경주마처럼 판단한 대로 모든 것을 바라본다. 다른 정보가 들어올 틈이 없는 것이다. 관찰력은 단박에 이루어지지 않는다. 스키마와 선입관을 버릴 줄 알아야 한다. 자신이 믿고 있는 것이 틀릴 수도 있다는 열린 마음으로 사물을 바라보는 연습이 필요하다.

눈치를 키우는 또 하나 방법은 모니터다. 다른 말로 하면 사례 수집이라고 할 수 있다. 우리는 수많은 경험을 한다. 어떤 사람은 그런 경험을 통해 지식과 노하우를 얻는다. 그런데 또 어떤 사람은 그냥 시간을 허비하곤 한다. 인류의 진화 역시 자기 반성과 모니터를 통해 이루어진 것이라 할 수 있다. 우리가 겪는 수많은 대인관계의 상황을 적극적으로 모니터하는 것은 매우 유용하다. 여러 상황 및 유형, 케이스 등을 체계적으로 분석하고 개선 방안을 고민한다면, 내일의 인간관계는 더욱 유연해지기 마련이다.

눈치를 키우는 또 다른 방법 하나는 미리 준비하기다. 모든 대인관계 상황이 예측 가능한 대로 이루어지지는 않는다. 그럼에도 불구하고 장소에 가기 전, 말하기 전 어떤 믵과 행동을 하는 것이 좋은지 곰곰이 고민해볼 필요가 있다. 특히 사람들을 만나기 전에 상황과 대상을 분석할 필요가 있다. 모임에 갈 때 어떤 사람이 오는지. 어떤 목적으로 만나는지, 오는 사람 중 최근에 어떤 일이 겪었는지 등을 미리 생각해볼 필요가 있다. 회의를 참석하더라도 참석자의 기분을 미리 살피고 대비하는 게 효과적이다. 그것을 바탕으로 몇 가지 가벼운 질문까지 준비한다면 금상첨화다.

자신의 순발력이나 스피치 능력을 과신해 준비를 소홀히 하다가 낭패를 당할 수 있다. 아마추어적 발상이다. 겸손한 자세로 늘 상 준비하는 훈련은 매우 강력한 경쟁력이 된다. 어떤 대화 상황이라도 활력 넘치는 소통을 이끌어낸다면 이보다 더 좋을 순 없을 것이다.

마지막 방법으로 상황에 맞게 말하는 연습을 하는 것이다. 이 책의 핵심인 상황에 맞는 말하기 매트릭스를 통해 분위기와 상대와의 관계를 잘 파악해볼 필요가 있다. 또 상황에 맞는 최선의 대화를 만들어갈 수 있는 연습을 꾸준히 해야 한다. 그러다 보면 눈치가 자연스럽게 개발될 것이다.

사냥과 채집은 지식 습득을 통한 실천을 통해 이루어진 것이다. 눈치를 키우는 데 있어 단순히 지속적인 경험의 축적으로는 효율이 떨어진다. 정확한 지식을 바탕으로 효율적인 경험이 바탕이 될 때 큰 힘을 발휘하기 마련이다. 눈치의 기술은 단박에 이루어지는 것이 아니다. 대인지능적인 요소로 정확한 지식을 바탕으로 다양한 경험을 통해 형성되는 것임을 명심해야 한다.

사회화 과정으로 살펴본 눈치파악 3단계

눈치는 어린 시절 부모와의 관계뿐 아니라 각자의 가정환경, 학교 환경, 사회 환경에 따라 그 능력이 달라진다. 방송인 중 눈치가 빠른 사람을 꼽으라고 한다면 신동엽 씨를 들고 싶다. 그는 본인이 주도적으로 웃기는 스타일이 아니다. 눈치를 보다가 다른 사람이 한 말, 행동 등을 파악해 추임새를 넣어 통쾌한 웃음을 선사하는 독특한 스타일이다.

그가 한 프로그램에서 자신이 눈치가 좋아진 이유를 이야기한 적이 있다. 그의 어린 시절, 부모님 여건이 여의치 않아 학교 행사에 참석이 어려웠다 했다. 그 덕분(?)인지 그는 다른 친구의 부모님과 같이하는 시간을 많이 갖게 되었다. 거기서 자연스럽게 어른들을 대하는 요령 등을 하나씩 습득하게 되었다고 한다. 친구들 부모의 마음을 얻기 위해 갖은 애를 쓴 결과였다. 대화를 나누면서 그들이 좋아하는 행동이 무엇인지를 파악하게 되었다는 것이다. 또 그런 행동이 습관처럼 굳어지게 되면서 상황을 파악하는 능력과 상대 심리를 이해하는 감수성이 발달하게 된 셈이다.

관계를 유연하게 만들고
타인을 배려하는

대체적으로 회사에서의 지위 등이 올라갈수록 눈치가 없어진다. 그것은 다른 사람의 눈치를 볼 필요가 없는 것과 관련이 있다. 눈치가 없다는 것은 그 필요성을 뼈저리게 느끼지 못한다는 것을 의미한다. 하지만 눈치의 기술은 타인의 시선만을 살피는 부정적인 것이 아니다. 관계를 유연하게 만들고 타인을 배려하는 것인 만큼 직급이 높은 사람 역시 눈치 감수성을 키워 부드러운 리더십으로 전환할 필요가 있다. 눈치는 마음을 살피는 대인 민감성이며, 그것은 경험과 반성을 통한 적절한 행동으로 완성된다. 그런 능력을 가진다는 것은 커뮤니케이션의 필살기를 갖게 된다는 의미다.

앞서 살펴본 눈치 능력, 눈치 감수성을 키우는 단계를 정리하면 다음에서 볼 수 있듯이 '살피기-파악하기-복기하기'다.

항상 주변을
살피는 일상

점심시간. 구내식당은 보통 짧은 시간에 많은 사람을 수용해야 해서 자리와 자리 사이가 좁은 편이다. 가득 찬 구내식당에서 안쪽의 빈자리를 발견하더라도 그 입구에 앉은 사람의 불룩 튀어나온 의자 때문에 들어가기 어려운 경우가 종종 있다. 식사 중인 사람을 방해하긴 다소 부담스럽다 보니, 옆에 서서 잠시만 의자를 당겨주어 재빨리 지나가길 바라지만 의자는 꿈쩍을 않는다.

결국 손에 식판을 들고 비좁은 틈으로 들어가기 위해 안간힘을 쓴다. 그럴 때 바로 그 상황을 알아채고 의자를 당겨주는 사람이 눈치가 있는 사람이다. 너무나 당연한 일이지만 그렇지 않은 사람이 의외로 많다.

눈치 능력을 제고하는 데에 가장 중요한 일은 항상 주변을 살피는 것이다. 각종 상황과 상대의 기분을 잘 파악하는 일이다. 성가시거나 피곤하다고 받아들이면 성과를 내기 어렵다. 인생의 중요한 게임처럼 인식하는 게 좋다. 하루하루 사람들과 관계망들을 살피는 일상을 자연스레 이어나갈 필요가 있다. 그럼 무엇을 살펴야 할까?

우선 대화 분위기를 잘 관찰할 필요가 있다. 침묵, 웃음소리, 비언어적 표현 등을 자세히 살피면 그 해답을 찾을 수 있다. 침묵과 정적은 대화의 흐름이 깨지고 있음을 보여준다. 누군가가 어떤 이야기를 하는데 상대가 전혀 반응을 보이지 않고 침묵한다면 그 이야기에 흥미가 없거나 상대에게 어떤 일이 생겼을 가능성이 높다. 대화의 흐름이 깨지고 있는 침묵이 지속되면 대화를 멈추거나 플랜 B를 생각해야 한다. 대화 시 웃음이 지속된다면 분위기가 좋은 것이다. 이럴 땐 좀 더 강한 의견이나 과감한 질문도 통할 수 있다. 물론 가식적인 웃음은 구분해야겠지만.

기업 임원 대상의 코칭 때 느낀 생각 중 하나는 임원들 스스로가 자신의 유머 감각을 과대평가하는 경우가 꽤 많다는 것이다. 자신이 이야기하면 부하 직원들이 상당히 좋아한다는 것이다. 그런데 과연 그럴까? 상사의 얘기에 대한 부하 직원들의 리액션이 과장될 수 있다는 것은 어렵지 않게 짐작할 수 있다.

그런 의미에서 개인의 감정 상태 등을 잘 살필 수 있는 실마리는 비언어적 태도에서 찾을 수 있다. 언어와 비언어적 표현 사이의 일치성 여부다. "좋아요."라고 흔쾌히 승낙했지만 표정이 좋지 않다면 무언가 수긍이 되지 않는다는 것이다.

언어보다는 비언어의 신뢰성이 높기 마련이다. 특히 표정과 눈가의 근육 움직임이 중요하다. 사람의 얼굴은 비대칭이다. 왼쪽 얼굴이 감정에 더 충실하다는 사실을 유의할 필요가 있다. 즉 오른쪽 얼굴은 연기가 가능하지만 왼쪽은 그러기 쉽지 않다는 것이다. 따라서 긍정의 말은 하고 있지만 왼쪽 얼굴이 어색하다면 진심이 아닐 확률이 높다. 그리고 웃을 때 눈가의 움직임이 중요하다. 진짜 웃음은 눈가까지 웃는다. 반면 가짜 웃음은 입꼬리만 올라간다.

역학 관계 파악하기와 복기하기

만나고 있는 사람과 여러 사람들의 역학 관계도 중요한 체크 사항이다. 최근 팀장에서 내려온 선배와 새로 팀장이 된 사람과 동석한 식사 자리에서의 일이다. 한 부하 직원이 눈치 없이 새 팀장에게 축하의 인사를 과하게 했다. 당연하게도 팀장 자리를 그만둔 그 선배는 미간이 찌그러진 채 제대로 식사도 하지 못했다. 편하지 않거나 어색한 사람이 낀 회식 자리에서 한 사람에게 긍정적 표현을 쏟아내는 것은 어리석은 행동이다. 말 그대로 눈치 없는 행동이다.

자신이 참석한 자리에서 직급, 친소 정도, 당시의 여러 정황 등에 대한 파악도 필수적이다. 조금만 생각하면 되는, 그리 어렵지 않은 일이다. 이른바 '신상을 터는' 요란한 파악은 너무 과한 행동이고 불필요하다. 지나치면 오해를 받을 수 있다. 대화 상황의 관찰에만 그치지 않고 상대의 예전 상황까지 파악할 수 있다면 더욱 유용하다. 파악한 정보만으로도 유연하게 대처할 수 있기 때문이다.

사회화 과정의 핵심은 경험을 통한 반추다. 어떤 상황을 경험했다면 그것으로 끝나는 것이 아니라 다시 기억을 더듬어보기, 복기하는 것이다. 바둑에서 중요한 것은 대국 이후 자신이 둔 수들을 차근차근 복기하는 것이다. 누군가와 관계를 했다면 거기서 멈춰서는 안 된다. 성과 여부와 적절성 등을 체크해보고 어떤 문제점들이 있는지 등을 복기해보는 것이다. 전문 방송인들이 방송하면 할수록 소리가 좋아지고 예뻐지는 것은 모니터를 하기 때문이다. 즉 자신의 방송을 복기하고 부족한 부분을 계속 수정해나가기 때문이다.

다양한 청중을 대상으로 강의를 하고 있지만 가장 어려운 것은 일대일 코칭이다. 기업의 CEO와 정부 기관의 장들을 만나면 분위기 자체가 엄숙하다. 더구나 상대방의 기분 상태에 따라 나의 코칭은 큰 영향을 받는다. 15년 넘게 일대일 코칭을 진행하며 눈치 능력이 향상된 것은 말할 나위가 없다. 코칭하는 것 자체가 나의 눈치 훈련인 셈이다. 상대의 행동과 말을 살펴 파악한다. 그리고 코칭을 마치고 복기하며 상대의 스타일을 파악한다. 그리고 적용하는 것이다. 일상의 관계도 마찬가지다. 누군가를 만나거나 모임에 다녀왔다면 그 만남에서 나의 눈치는 어땠는지 복기하고 부족한 부분을 생각하는 것이 중요하다.

기억하자! 눈치의 사회화 과정은 '살피기-파악하기-복기하기'다. 그리고 다음에 '적용'하는 것이다. 이 과정을 반복하면 나의 눈치 감수성은 놀랄 만큼 향상될 것이다.

| 미 주 설 명 |

1) 눈치 개념 연구(허재용 외 2인, 2012, 인문과학연구)
   눈치 척도 개발 및 타당화(조규완 외 3인, 2016, 교육문화연구)
   조직 내에서의 눈치 개념 재구성 및 눈치 척도 개발(송준석, 2016, 연세대)
2) 비언어적 커뮤니케이션(장소원 · 김우룡)
3) 한국인의 심리학(최상진)
4) 일차집단(primary group)은 절친하여 빈번하게 긴밀한 개인적인 접촉을 갖는 사이로서 공통적인 규범을 보유하고, 상호 지속적으로 광범위한 영향력을 공유하는 사람들을 말한다.
5) 눈치 관련 연구를 저자의 시각으로 정리하면 크게 3가지로 구분할 수 있다.
   개념 관련 연구와 눈치 척도 개발, 그리고 가장 활발한 효과 측면이다. 대표적인 연구는 다음과 같다.
   - **개념 관련 연구** : 눈치 기제가 유발되는 상황 연구(최연희, 1990)
     눈치 개념 연구(허재홍 외 2, 2012), 눈치 특성 연구(허재홍 외 1, 2013)
     눈치와 직장생활(강인호, 1999)
   - **척도 개발 연구** : 조직 내 눈치 척도(송준석, 2016),
     고등학생의 눈치 척도(조규판외 2, 2016)
     대학생의 눈치 척도(허재홍 외 1, 2013)
   - **효과 관련 연구** : 눈치와 주관적 안녕감, 대인관계 효과(최혜진, 2017)
     눈치와 정서 조절(서현숙, 2105)
     눈치와 공감 능력, 대인관계(정웅진, 2019)
     눈치와 자기 효능감(유미숙, 2015)
     눈치와 애착 유형(이경진, 2013)
     눈치와 정신건강(허재홍, 2014)
6) 애착이란 양육자나 특별한 사회적 대상과 형성하는 친밀한 정서적 관계를 말한다. 생애 초기 부모와의 애착 관계는 이후 대인관계의 질을 예측하는 선행 변인으로 수많은 연구에서 밝혀졌다.
7) 애착의 유대 관계는 개인에 따라 차이가 있는 것으로 나타났는데, 이는 에인스워스 등

(Ainsworth et al., 1978)이 개발한 낯선 상황 절차(strange situation procedure) 실험을 통해 알 수 있었다. 20분 동안 한 살 무렵의 아기들을 안락하고 장난감이 많이 비치되었지만 낯선 놀이방에서 놀도록 하고 그들의 행동을 관찰하는 것이었다. 연구자들은 낯선 환경에서 돌보는 이(주로 엄마)가 있을 때와 없을 때, 그리고 엄마와 떨어지고 다시 만날 때 아기의 행동을 관찰했다. 그 결과 애착 유형을 다음 세 가지로 구분할 수 있었다.

1. 안정 애착(securely attached)

아기들은 엄마가 있을 때에는 낯선 환경을 탐색하고 낯선 이를 수용하기도 하지만, 엄마가 나갈 때는 울거나 찾는다. 그러나 엄마가 돌아온 후에는 엄마를 환영하며 쉽게 진정하여 탐색과 놀이로 돌아간다. 중요한 것은 엄마를 안전기지로 이용하여 낯선 상황에서도 자유롭게 탐색할 수 있었다는 것이다. 아기들은 엄마가 곁에 없어도 엄마가 다시 돌아올 것이라는 신뢰를 가지고 있었고, 엄마가 돌아오자 엄마를 안전기지로 삼아 다시 놀이 등의 탐색 활동을 시작했다.

2. 불안/회피 애착(avoidant attached)

아기들은 엄마가 나가도 전혀 관심 없이 놀고 별 저항을 보이지 않으며 낯선 사람을 엄마보다 비교적 더 잘 받아들여 친근하게 대한다. 나갔던 엄마가 다시 돌아와도 고개를 돌리거나 시선을 돌리는 등 무관심한 회피 행동을 보인다.

3. 불안/양가 애착(ambivalent attached)

아기들은 엄마가 곁에 있어도 낯선 상황에서는 탐색하지 않으며, 엄마가 나가면 몹시 고통스러워하며 막무가내로 울기 시작한다. 엄마가 돌아와도 쉽게 안정을 찾지 못하고 계속 울면서 반겨 맞이하지 않는 자세를 보이고, 안아달라고 했다가 몸부림치며 내려 달라고 고집을 피우기도 한다. 즉, 접근과 회피 사이를 왔다 갔다 하는 양가 감정으로 보이며 엄마를 안전기지로 인식하지 못한다.

8) 심리학자 가드너(H. Gardner)는 다면적 지능의 하위 영역 중 하나로, 대인지능을 설명한다. 대인지능은 다른 사람들과 관계를 맺고 다른 사람들의 생각과 감정을 이해하는 능력으로 사회적 지능(social intelligence)이나 정서적 지능(emotional intelligence)과 유사한 개념으로 다루어지기도 한다.

9) 예일대학교 심리학 교수 로버트 스텐버그(Robert J. Stenberg)의 주장으로, 지혜라 함은 모든 지식을 통합하고, 구애받지 않는 뛰어난 의미로서의 감각이다. 지식보다 더 실천

적이다.

10) 눈치와 정서 조절의 관계(이슬비, 2018, 경북대)
한국인의 눈치의 심리적 표상체계(최상진 외 1인, 1995, 한국심리학회)

11) 눈치 개념 연구(허재홍 외 2, 2012, 인문과학연구)

12) 수행한 것에 대해 숫자를 부여하여 수행 능력의 수준을 나타내도록 하는 절차이다. 척도화는 관찰된 행동이나 특성을 수량화하기 위해서 체계적인 규칙과 의미 있는 측정 단위를 개발하는 절차라고도 말할 수 있다.

PART 3

눈치 감수성을 키우는 질문의 기술

대화의 성패를 좌우하는
첫 번째 질문

    2008년부터 시작해 6년 간 진행했던 〈세상의 모든 지식〉은 특정 분야의 전문가들을 초대하는 교양 프로그램이다. 1시간 정도 인터뷰 방식으로 진행하는 이 방송 프로를 오랫동안 유지하는 데에는 나름의 고충이 있었다. 우선 매일 방송이라는 부담감이 만만치 않았다. 매회 다른 주제를 잡아 그 분야의 전문가를 찾는 것도 쉬운 일이 아니었다. 무엇보다 전문가를 초대해 1시간 방송을 이어가는 게 큰 고충이었다. 방송 게스트들 대부분이 생방송이라는 긴장감 때문에 말을 제대로 하지 못해서다.

    게스트의 긴장감은 방송 퀄리티 확보에 가장 큰 걸림돌이었다. 예컨대 기생충, 김치, 물, 공기, 감정 등과 같은 생소한 분야의 전문가들은 방송 출연 기회 자체가 거의 없었다. 그 결과 실제 방송에서 제대로 말하는 이가 극히 드물었다. 제법 많은 시행착오를 겪으면서 해결 방법을 찾으려 했다. 그 과정에서 나름의 돌파구를 찾은 것이 질문의 재구성이었다. 핵심은 출연자들의 심적 부담을 줄이는 것이었다.

그중에서도 첫 번째 질문에 가장 많이 신경을 썼다. 출연자들로 하여금 가장 쉽고 편하게 답할 수 있는 질문을 던지는 게 매우 중요하다는 걸 경험 속에서 확인했던 터였다. 핵심 질문을 해야겠다는 조급한 마음에 무거운 질문을 먼저 던졌을 때의 결과는 대체적으로 참혹했다. 처음부터 출연자들의 부담감을 가중시키는 출발은 50%를 잃고 시작하는 게임 같은 것이었다. 시작이 반이라 했으니.

고도의 눈치작전이 동반되는
생방송 프로그램

알찬 방송을 만들기 위한 과정 자체도 고도의 눈치작전이 동반된다. 리허설은 눈치를 보고 살피는 출발점이다. 방송에 앞서 작가와 피디 등으로부터 듣는 사전 정보가 실제와 차이가 나는 경우가 많다. 사전에 말을 잘하시는 분이라고 코멘트를 전해 듣더라도 진행자가 직접 확인을 하는 것은 너무나 당연한 절차였다. 출연자들의 스피치 능력을 그동안 쌓은 경험치를 바탕으로 파악해야 했다. 눈치 감수성을 민감하게 작동해야 할 때가 바로 이때다.

리허설을 할 때마다 꼭 물어보는 말이 있다. "오실 때 힘들지 않으셨어요?" 그 한마디는 나에게 리트머스 시험지 같은 질문이다. 긴장한 표정이 역력한 채 단답형으로 답하는 분이면 일단 1차 경고등이 켜진다. 그 즉시 리허설을 통해 최대한 긴장을 풀어낼 뾰족한 방법을 짧은 시간 내에 찾아야 한다. 또 빠르게 판단해야 한다. 직관이 필요하고 눈치의 기술이 동원된다. 당연하게도 적절한 첫 번째 질문을 선택해야 한다.

반면 너스레를 떨며 방송국 오는 과정을 소상히 말씀하시는 분의 경우 일단 안심이 된다. 그런 분들은 대개 말하기 자체를 좋아하고 카메라나 사람들 앞에서 덜 긴장을 하는 편이다. 물론 그 경계가 애매한 분들도 있다. 이럴 때에도 빠른 판단을 통해 진행 방식을 결정해야 한다.

이렇게 여러 상황을 스캔(?)하듯이 파악한 뒤 생방송에 돌입한다. 앞서 언급했지만 첫 질문이 결정적이다. 첫 질문과 대답이 적절하면 방송 자체가 리듬을 타면서 안정감을 갖게 된다. 뒤이어 준비한 여러 질문들을 매뉴얼 같은 패턴으로 자연스럽게 던지게 되면 그날 방송은 매우 만족스런 것이 된다. 반대로 첫 질문부터 엇박자가 생기면 방송 진행이 혼란스러워지게 된다. 무엇보다 출연자의 심리 상태가 다운이 되면 방송 자체의 중심축이 흔들리게 된다. 진행자 역시 초긴장 상태가 된다. 대개 결과도 그 연장이다.

성패를 좌우하는 스타트 포인트 결정은 그래서 너무나도 중요하다. 그런 의미에서 리허설을 위해 출연자들이 처음으로 스튜디오에 왔을 때의 표정과 말투 등을 다각적으로 검토하는 과정에서 성패가 결정된다 할 수 있다. 이때 리허설 과정을 마친 뒤 최적의 질문을 찾는 게 핵심 포인트가 된다.

작가의 원고가 있지만 그것은 보조 자료일 뿐이다. 그때그때의 상황에 따라 또 출연자의 상태를 면밀히 살피면서 능동적으로 대응해야 한다. 때로는 예정에 없던 즉흥적인 질문을 던지는 등 임기응변식 대응이 필요할 때도 있다.

어떤 말을 하는지도 중요하지만 더 중요한 건 어떤 질문을 하느냐다. 그것에 따라 대화의 분위기가 확연히 달라진다. 결국 대화는 탁구 경기 같은 것이어야 한다. 적절한 질문과 대답을 통해 탁구처럼 서로 주거니 받거니 하는 것이다. 양궁이나 볼링처럼 일방성이 강한 게임이어서는 안 된다. 출연자의 스피치 능력이 떨어진다고 판단해 진행자 주도로 방송을 하는 것 역시 실패한 커뮤니케이션이다. 적절한 질문 하나가 소통의 공간을 유연하게 창조할 수 있다. 그만큼 질문의 힘은 위대하다.

최고의 인터뷰어(질문자)를 꼽으라고 한다던 나는 두 사람을 주저 없이 꼽는다. 바로 예수(B.C 4년 추정~30년)와 소크라테스(B.C 470~399년)다. 예수의 인터뷰 기법은 성경에 고스란히 담겨 있다. 그 한 대목을 살펴보자

"네 말이 옳다."

그날따라 사마리아 지방의 사막 언덕에는 태양이 뜨거웠다. 정오를 가리키는 시간. 더위가 절정으로 치닫는 중이었다. 사람들은 모두 집에서 이 태양을 피하고 있었다. 황량한 사막 언덕에는 태양에 뜨거워진 모래바람만 불 뿐이었다. 이 더위 속에 한 남자가 갈증을 해결하고자 우물가에 앉아 있었다. 그런데 그 남자는 물을 먹지 않고 수가[1] 마을을 바라보며 누군가를 기다리고 있는 것이다.

모래바람을 뚫고 한 여인이 우물가에 다가왔다. 모래바람을 피해 얼굴을 감쌌지만 자신을 숨기고 싶어 하는 표정이다. 그녀는 항상 한낮에 물을 길어 오는데 마을 사람들의 시선을 피하기 위해서다. 남편이 다섯이나 되는 자신의 처지가 원망스럽고 하루하루가 힘들었다. 사람이 싫다. 아니 정확히 말하면 이런 처지가 된 자신이 싫었다. 그녀는 우물가에 앉아 있는 한 남자를 보며 당황

했다.

'아니 이 시간에 누구지? 나를 아는 사람인가? 지금 물을 길어오지 않으면 안 되는데…….'

그녀는 빨리 물을 받아서 자리를 뜨고 싶은 마음뿐이다. 우물에 다가가서 보니 그 남자는 유대인이었다. 유대인이 사마리아 지역엔 자주 오지 않을 뿐 아니라 서로 간에 말도 하지 않는 사이다. 그녀는 마음이 더 급해졌다.

그런데 그 남자가 말을 건다.

"여자여! 나에게 물을 좀 주시오."

그녀는 당황했다.

"어찌 저에게 말을 거십니까? 저는 사마리아 여인입니다."

그 남자는 굴하지 않고 말을 한다.

"내가 어떤 사람인지 알았다면 당신은 내게 우물물이 아닌 생수를 달라고 했을 것이고 나는 그 생수를 주었을 것이오."

여자는 황당했다. 이 지역에는 조상 때부터 써온 이 우물물이 전부였다. 특히 이 지역 근방에서 신선한 생수를 구하는 것은 불가능했다. 그녀는 빨리 이 말씨름을 마치고 싶었다. 사람들이 보면 어쩌나 하는 불안한 생각이 들었다. 그 남자에게 면박을 주기 위해 말을 했다.

"아니, 이 우물물은 우리 조상 야곱 때부터 사용한 물이에요. 당신이 초능력자라도 됩니까? 야곱보다 더 위대해요?"

이 말을 하며 그녀는 비웃음과 조롱의 마음을 담아 그 남자를 바라본다. 그런데 이상하게도 두건 너머로 본 그의 얼굴은 너무나 평화로워 보였다. 그의 눈빛은 깊어 그녀의 모든 문제를 감싸 안을 것 같았다. 입가에 띤 미소는 그녀를 위로하는 듯했다. 이런 평화스러운 얼굴은 처음이었다.

"여자여! 지금 이 우물물은 다시 목마르지만 내가 주는 물은 영원히 마르지 않는 생명수라네."

그의 얼굴에는 확신과 자신감이 차 있었다. 그녀는 더 이상 논리적으로 생각할 수가 없었다. 그의 모습에서 진실을 봤기 때문이다. 그 사람은 정말 생명수를 가지고 있다는 생각이 들었다.

"선생님, 저에게도 그 생명수를 조금만 주세요. 물을 길어 오기가 너무 힘이 듭니다."

그녀는 매일 사람을 피해 물을 길어온 자신의 마음의 무게가 육체적 무게보다 더 무거웠다.

"당신의 남편을 데려오게."

그 남자가 갑자기 말했다. 그녀는 당황했다.

'내가 남편이 다섯이나 있다는 이야기를 들었나? 아니면 그냥 떠본 걸까? 어쩌지? 어떻게 대답해야 하지……? 그냥 자리를 피해 도망갈까? 사실 나는 남편이라고 생각한 사람이 아무도 없는

데…….'

그녀는 나지막한 소리로 그 남자에게 말을 한다.

"저는 남편이 없습니다."

그 남자는 그녀의 말을 듣자마자 바로 말한다.

"남편이 없다는 네 말이 옳다. 당신에게는 남편이 다섯 명 있었으나, 지금 당신과 함께 살고 있는 사람도 사실은 당신 남편이 아니니, 당신은 바른말을 한 것이다."

그리고 말을 이었다.

"여자여! 네 말이 옳다."

그녀는 자리에 주저앉고 만다. 그리고 조용히 울기 시작했다. 조용한 울음은 이내 통곡이 됐다. 자기 처지가 들통이 나서가 아니라 자신을 알아주는, 자기 마음을 받아주는 사람을 처음으로 만났기 때문이다. 사람들은 남편이 다섯이나 있을 수밖에 없었던 그녀의 처지를 인정하기보다, 남편이 다섯이라는 사실만을 가지고 그녀를 그동안 조롱하고 멸시해왔다. "네 말이 옳다."는 그 말 한마디에 그녀의 마음이 뜨거워졌다.

그 당시 사마리아 사람들과 유대인들은 상극이었다. 상종도 하지 않고 서로를 멸시하는 관계였다. 그리고 유대인 남자와 사마리아 여인, 그것도 햇볕이 강해 아무도 없는 정오 시간……. 그 불통의 시간과 공간을 예수는 소통의 공간으로 만든 것이다. 그 힘은 상대의 마음을 정확히 파악하고 인정하는 데 있었다.

산파의 역할처럼
대화를 이끄는 성인

한편 소크라테스는 상대 맞춤형 대화의 달인이었다. 바로 그것이 산파술이다. 아이를 낳도록 도와주는 산파의 역할처럼 대화를 이끈다고 해서 붙여진 이름이다. 조급하게 훈계하거나 설명하지 않고 질문을 통해 상대 스스로 깨닫게 만드는 것이다. 그리스의 젊은이 트라시마코스와의 대화 한 대목을 살펴보자.

소크라테스 : 여보게, 트라시마코스! 무엇을 그토록 열띠게 토론하고 있었나?
트라시마코스 : 아, 네. 정의가 무엇인지에 대해 고민하고 토론하고 있었습니다.
소크라테스 : 아, 그래? 그럼 정의는 무엇인가?
트라시마코스 : 정의는 정의로운 것, 강자에게 이익이 되는 것이라 생각합니다.

소크라테스 : 아, 그렇군. 그런데 강자는 사람인가, 사람이 아닌가?

트라시마코스 : 에이, 강자도 당연히 사람이죠.

소크라테스 : 사람은 때때로 실수하지 않나? 실수를 한다면 잘못된 행동도 하겠군.

트라시마코스 : 그렇죠. 사람은 누구나 실수를 하고 잘못된 행동을 하죠.

소크라테스 : 그런데 말이네, 잘못된 판단과 그에 따른 행동도 정의로운 것인가?

트라시마코스 : …… 그건 아니죠. 헉!

예수와 소크라테스
질문의 공통점

예수와 소크라테스가 질문자로서 두드러지는 공통점을 꼽자면 상대를 있는 그대로 인정한다는 점이다. 우리는 흔히 질문을 할 때 선입관이나 편견 혹은 자신이 이미 내린 결론을 바탕으로 묻는 경우가 많다. 하지만 그들은 그러지 않았다. 상대를 인정할 때 소통은 원활해진다. 상대를 인정하지 않으면 자기 중심의 이야기로 흘러가기 마련이다. 게다가 일방적인 설교와 훈계가 될 수도 있다. 요즘 말로 지적질(?)은 불통을 낳기 쉽다. 원만한 대화는 서로 주고받는 탁구 게임 같은 것이다.

예수는 사마리아 여인의 딱한 처지를 있는 그대로 받아들이고 인정했다. 비난하거나 멸시하지 않았다. 소크라테스 역시 그리스 젊은이의 말을 경청하며 인정했다. 인정을 하니 당연히 맞춤형 대화가 가능해진다. 사실 질문 속에는 자신의 의견을 강요하거나 상대를 무시하는 내용이 들어갈 수 있다.

상대에 대한 관심과 깊은 성찰도 빼놓을 수 없는 부분이다. 우리는 대화하는 상황만 중시하는 경향이 있다. 하지만 소통의 대화에는 상대에 대한 관심과 상대의 처지를 공감하는 과정이 필요하다. 상대가 그동안 어떤 일을 겪었는지 관심도 없었으면서 만나서 관심 있는 척을 하는 것은 가식이다. 예수는 유대인들에게 멸시받는 사마리아 사람들의 마음을 알고 있었다. 또 소크라테스는 그 당시 그리스 젊은이들의 고민을 꿰뚫고 있었다. 그러했기에 적절한 질문과 대화가 이루어진 것이다.

마지막 공통점은 근본 질문을 던졌다는 것이다. 예수가 제자들에게 질문한다.

"너는 나를 누구라 생각하느냐?"

제자들 중에는 예수를 따라다니면 어떤 명예나 이익을 얻을 것으로 판단한 이가 있었다. 예수는 그들의 마음을 알고 질문한다.

제자들은 당황해하면서 자신을 되돌아보는 성찰의 시간을 갖게 된다. 단순히 일상적인 질문이 아니다. 상대를 변화시키고자 하는, 또 상대를 아끼는 마음이 담긴 질문이다.

　소크라테스 역시 그리스 젊은이들에게 묻는다.

　"정의란 무엇인가? 덕이란 무엇인가?"

　삶에 대한 근본 질문을 통해 상대 스스로 자기를 돌아보고 새로운 생각을 갖도록 유도했다. 단순히 상대를 기분 좋게 만드는 질문을 넘어 상대를 진심으로 아끼는 질문이다. 질문의 기술은 한 사람의 인생을 거듭나게 만들기도 하는 강력한 힘이다.

눈치 기술의 정점,
좋은 질문의 조건

예수와 소크라테스처럼 뛰어난 질문자의 질문은 사람의 마음을 움직이게 하는 마법 같은 힘을 갖고 있다. 소통 과정에서 질문이 갖는 비중이 얼마만큼 높은지를 잘 알 수 있는 대목이기도 하다. 그렇다면 좋은 질문의 조건은 무엇인가?

먼저, 관심이 들어간 질문이어야 한다. 관심은 상대를 인정하고 관계를 맺고자 하는 신호다.

"당신은 어떻게 생각하나요?"
"궁금하네요. 조금 더 이야기해줄 수 있을까요?"
"언제 행복했어요? 언제 기뻤어요?"
"그때 마음이 어땠어요? 많이 슬펐나요?"

"그 일을 할 때 뭐가 가장 힘들었어요?"

적어도 상대방이 최근에 어떤 일을 겪었으며 어떤 것에 관심을 가지고 있는지 알고 있어야 한다는 것이다.

어떤 질문이
원활한 소통을 이끌어가는가?

자기 노출이 들어간 질문 역시 원활한 소통에 유용한 방법이다. 자신을 열지 않은 상태에서 상대와 좋은 관계를 맺기는 어렵다. 소통을 잘하는 사람은 솔직하게 자신의 치부까지 보이면서 자신을 적절히 여는 사람이다. 아무런 말도 하지 않는 사람에게 자신의 마음을 여는 경우는 흔치 않다. 상대가 집안 사정에 대해 말하지 않는데 나만 말하는 것도 어색하다.

"사실, 저도 요즘 회사 일로 힘드네요. ○○님도 그러신가 봐요?"
"저도 그런 일이 있었는데, 어떠셨어요?
"저희 집도 그래요. 어떻게 잘 해결되셨어요?"

미래가 들어간 질문도 생산적이다. 우리는 흔히 대화할 때 과거에 집착하는 경우가 많다. 갈등의 상황을 보더라도 서로 책임 소재를 따지는 경우가 많다.

"지난번에 어떻게 된 거야? 내가 하지 말라고 그랬잖아."

이런 식이라면 서로가 변명을 하면서 상대를 인정하지 않게 된다. 또 서로 다른 기억을 고집하게 되어 결국 다툼으로 이어지곤 한다. 현재의 감정에만 치우친 대화도 경계해야 한다.

"네가 그러니 기분이 안 좋네. 왜 지금 이러는 거야?"

현재의 가치 문제를 논하다 보면 서로의 감정이 충돌하기 쉽다. 이상적인 형태는 미래에 대한 질문, 즉 우리 관계를 통해 어떻게 함께할 수 있는지를 생각하게 만드는 질문이다. 감정적 충돌로 헛바퀴 도는 대화가 지속된다면 적절한 순간 눈치 있게 다음 질문으로 대화의 흐름을 바꿔보자.

"그럼 우리는 어떻게 하는 것이 좋을까요?"

꽉 막혀 있던 벽이 일순 허물어지면서 문제 해결의 실마리를 찾게 되는 마법을 경험하게 될지도 모른다. 여기서 '나'라고 규정하기보다 '우리'라는 표현을 통해 함께 가고 있음을 전하는 것도 효과적이다.

동기부여가 들어간 질문도 중요하다. 대화가 열리는 공간이 모두 다 사적인 공간이 아니다. 성과가 중요한 조직에서도 적절한 질문과 대화는 필수적이다. 고인이 된 애플의 창업자 스티브 잡스(Steve Jobs, 1955~2011)의 유명한 일화 하나가 있다. 그가 엘리베이터 안에서 만난 직원에게 다음과 같은 질문을 했다는 것이다.

"지금 이 일을 왜 하는 건가요?"

어떤 일을 하고 있는지 묻지 않고 왜 하고 있는지 물어봤다는 것이다. 괴팍한 스티브 잡스의 성격을 잘 알고 있던 그 직원은 갑작스런 질문에 무척 당황했을 거라는 건 어렵지 않게 상상된다. 그 소문이 사내에 퍼지면서 회사가 술렁이기 시작했다. 조직 안에서 자신의 업과 그 이유 등에 대한 근본적인 문제를 고민하는 직원들이 늘어난 것이다. 세계적인 권위의 경영학자 피터 드러커(Peter Drucker, 1909~2005)는 성과를 내야 하는 조직원이라면 다음과 같은 질문을 받고 명료히 답해야 한다고 말한다.

"조직의 사명과 비전은 무엇입니까?"

"우리의 고객은 누구입니까?"

"고객의 니즈는 무엇입니까?"

"고객은 우리에게 구체적으로 무엇을 바라고 있습니까?"

"그에 따른 우리의 계획은 무엇입니까?"

좋은 질문은
개방성과 구체성을 갖는다

우리는 소통의 공간을 만들기 위한 작업을 이어가고 있다. 처음에는 눈치가 필요하고 그것을 바탕으로 적절한 질문이 중요함을 알아가는 중이다.

포스트잇을 개발한 아서 프라이(Arthur Fry)의 재미난 일화가 있다. 교회 성가대에 열심인 부인이 연습을 마치고 와서 남편인 아서 프라이에게 질문을 한다.

"연습한 곳까지 성가곡 책을 접어놓는 데 불편해요. 다른 방법이 없을까요?"

이 질문을 받은 아서 프라이는 종이에 붙는 접착제를 생각해낸다.

이처럼 질문은 새로운 아이디어를 끄집어내는 동력이다. 물론 질문은 관계를 이끈다. 질문을 던지는 것 자체가 상대에게 관심이 있다는 증거이기 때문이다. 또한 질문은 설득을 한다. 어떤 제품을 판매함에 있어서 이것을 구입해달라고 말하는 것보다 질문을 던지는 것이 더 효과적일 수 있다.

"이 가격에 이런 성능을 가진 제품을 보신 적이 있으신지요? 다른 업체의 조건은 무엇인가요? 제가 어떻게 해드리면 될까요?"

일방적으로 설득하기보다는 질문을 던져 상대방 스스로 답을 찾아가는 과정에서 스스로 설득 당할 수 있다. 질문은 동기를 부여한다. 상대의 직책과 위치를 환기시키면서 질문을 하면 질문 받는 사람은 스스로의 책임감을 느끼는 데 효과적이다.

"팀장으로서 이번 프로젝트를 잘 관리해주면 어떨까?"

팀장이라는 위치를 스스로 생각하게 만드는 짧은 질문이 될 수 있다. 질문이 이렇게 중요함에도 불구하고 우리는 질문을 효과적으로 하지 못하는 경우가 많다. 가장 큰 문제는 자신 중심의 질문이다. 다른 사람과의 관계를 생각하는 질문을 우선적으로 하지 않는 것이다. 자신이 궁금한 것만을 물어보는 일명 체크리스트 대화를 하기 때문이다. 자신이 궁금한 것을 다 묻는 것이 좋은 대화라고 생각하는 착오를 하는 때가 많은 것이다.

훈련 부족도 좋은 질문을 하지 못하는 주요인이 된다. 우리는 어린 시절부터 질문을 하는 것을 꺼려했다. 집단주의 문화와 가부장적 문화 속에서 질문을 하는 것 자체가 버릇없는 것으로 여겨졌던 잘못된 관습의 영향이 크다. 학교 교실에서 질문 없는 일방적 강의가 진행되는 것 역시 시사하는 바가 적지 않다.

2010년 오바마 전 미국 대통령이 G20 서울 SUMMIT 회의 참석차 한국을 방문했을 때의 일이다. 한국 기자들에게 궁금한 것이 있으면 물어보라고 그가 말했다. 일종의 개최국에 대한 배려였다. 그런데 침묵이 이어졌다. 그 침묵을 깬 것은 중국 기자였다. 유창한 영어로 한국 기자들의 질문이 없으니 자신이 하겠다고 당당히 말했다. 오바마는 다시 한 번 한국 기자들에게 진짜 질문이 없냐고 물어봤다. 그러자 역시 침묵.

단적인 예이긴 하지만 질문의 가치를 소홀히 하고 그 소중함을 공유하지 못한 우리 사회의 한 단면이다. 질문을 잘 하지 않는 원인이 자만심 때문일 수도 있다. 자신이 상대를 좀 알고 있다는 자만에 빠지면 자신의 시각으로 판단하게 된다. 묻지 않아도 자신의 기준으로 상대를 판단해버리는 것이다. 질문도 훈련이 필요하다.

좋은 질문은 개방성과 구체성을 가진다. 개방성 질문이란 '예/아니오' 단답형으로 답이 나오지 않는다. 상대가 많은 말을 할 수 있도록 여지를 주는 것이 필요하다.

예를 들어 "팀의 비전은 있습니까?"라고 물어보면 '예/아니오'가 나온다. 개방적인 질문은 "팀 비전은 무엇인가요?"라고 묻는 것이다. 사소한 차이 같지만 그 결과는 사뭇 다를 수 있다. 구체성은 말 그대로 조금 더 구체적으로 물어보는 것이다. "앞으로의 시장 동향은 어떤가요?"라고 물어보기보다는 "1년 뒤 제조업 시장의 위기는 무엇인가요?"라고 묻는 것이 더 구체적이다.

좋은 질문은 또 중립성을 가진다. 즉 자신의 견해와 의견이 너무 담겨 있으면 안 된다는 것이다. 자신은 의식하지 못하지만 상대가 부담을 느낄 수 있기 때문이다.

"왜 새로운 프로젝트를 두려워하나요?"라는 질문은 상대가 두려워한다는 것을 전제로 하는 것이다. 그보다는 "프로젝트의 장애요인은 무엇인가요?"라고 묻는 것이 더 효과적이다.

이와 반대로 개인 의견이 드러나는 질문, 두 항목 이상의 동시 질문, 긴 질문, 상투적인 질문, 애매모호한 질문, 압박하는 질문 등은 나쁜 질문이라 할 수 있다.

개방형 질문에서
폐쇄형 질문으로

질문의 종류는 크게 보면 개방형 질문과 폐쇄형 질문이 있다. 개방형은 앞서 강조한 것처럼 상대에게 주도권을 주는 반면, 폐쇄형은 자신이 주도하는 것이다. 예를 들어보자. 옆 부서에 있는 동료가 감사(監査)를 받고 있다. 나는 그 사실을 알고 있다. 우연히 회사 앞에서 지나가다 만나서 그 사람에게 질문을 한다.

"얘기 들었습니다. 얼마나 힘드세요. 감사 어떻게 잘되고 있습니까?"

상대를 위로해주는 것처럼 들리지만 실상은 자신의 궁금증을 해소하기 위한 질문일 수 있다. 상대는 감사 관련 이야기를 하고 싶지 않은데 그것을 물어보는 것은 결례다. 개방형 질문으로 한다면 다음과 같다. 상대가 감사를 받고 있다는 것을 알고 있지만 일단은 모른 척하는 것이다. "요즘 어떠세요?"라고 물어보며 주도권을 상대에게 넘기는 것이다. 그러면 상대는 감사 관련 이야기를 할 수도 있고 다른 이야기를 할 수 있다. 상대가 불편하지 않도록 하는 것이 개방형 질문의 요체다.

질문에는 확인 질문이 있다. 상대가 말한 것을 재차 물어보는 것이다. 이때 전달의 기술이 필요하다. 무조건 따져 묻는 것이 아니라 예의를 갖추고 부드러운 음성으로 말하는 것이 중요하다.

"그것이 무슨 뜻인가요? 다시 한 번 정리해주시겠습니까?"

대표적인 확인 질문이다. '예/아니오'로 답하게 하는 선택 질문과 '그럼에도 불구하고, 어쨌든, 확실히' 같은 용어가 들어가는 유

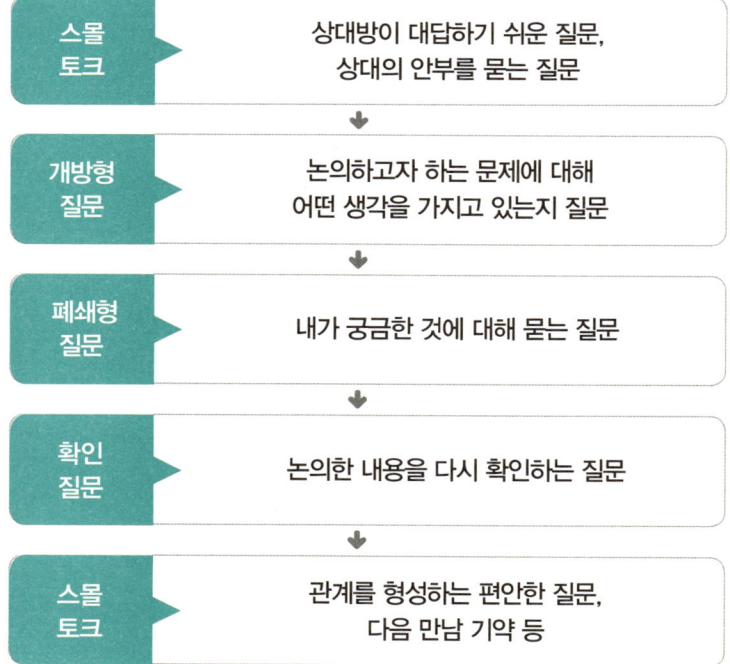

THE SENSE

도 질문 등이 있지만 바람직하지 않다. 그렇다면 이런 질문들을 가지고 대화를 이끌 때 어떤 구조와 구성으로 하는 것이 좋을까?

기본적으로는 개방형 질문에서 폐쇄형으로, 일반적인 내용에서 특정한 사안으로 가는 것이 좋다. 모든 대화가 상황 의존적이기 때문에 앞의 구조가 황금률이라고 볼 수는 없지만 나름의 지침이 될 수 있다. 누군가와 어떤 문제와 관련해 논의하기 위해 만난다는 생각을 하고 그 구조를 적용해보자!

질문을 통해 상대의 호감을
이끌어내는 기술

우리는 급하다. 또 자신 위주로 생각하기 쉽다. 그러하기에 누군가를 만나면 자신이 궁금해하는 것이나 하고자 하는 것을 빨리 해결하고자 한다. 결국 사람을 만나 체크리스트 대화를 하게 되는 것이다. 그리고 자신이 궁금한 것을 물어보고 자신이 원하는 답이 나오면 좋은 대화였다고 여긴다. 하지만 상대방의 입장에는 매우 불쾌할 수도 있다.

전화를 걸 때 무심코 하는 질문에도 상대의 상황을 인정하지 않는 말이 있다.

"왜 이제 받아?", "아까 전화 왜 안 받았어?"

전화 통화의 특성상 상대의 상황을 파악하기 쉽지 않다. 상대방의 입장에서는 목적을 위해 따지듯이 하는 대화나, 자신의 상황은 개의치 않고 전화를 못 받은 상대의 잘못을 추궁하는 듯한 말 역시 불쾌할 수도 있다. 눈치 감수성이 떨어지는 사람들은 그런 실수를 반복하기 쉽다.

관계 형성을 자연스럽게 이끄는 스몰토크

동일한 내용을 동일한 사람이 스피치하도록 하고, 어떤 구성이 더 호감을 주는지 실험했다. A 타입은 앞부분에 말을 잘하고 중간에 헤매다가 결론 부분에 말을 잘하도록 했고, B 타입은 처음에는 헤매다가 뒤로 갈수록 말을 잘하도록 했다. 사람들은 어떤 타입을 선호했을까? 결과는 A 타입이었다. 즉 앞과 끝부분에 말을 잘한 사람이었다.

왜 그럴까? 미디어가 빨라졌기 때문이다. 플리퍼족[2]이 등장할 정도로 우리는 미디어를 빨리 선택한다. 따라서 앞부분의 멘트가 결정적이다. 사람들의 귀를 긴장하게 만드는 주변 환기가 무엇보다 중요한 것이다. 기본적으로 스피치에서는 앞부분에 재미가 있는지,

공감이 되든지, 정보가 있어야 한다.

일상적인 대화에서도 마찬가지다. 대화할 수 있는 분위기를 세팅하는 것이 필요하다. 그러기 위해서는 철저히 상대방을 배려한 맞춤형 질문이 필요하다.

관계를 맺을 때 효과적인 대화는 스몰토크다. 상대의 근황을 사전에 체크하는 건 가장 기본이다. 적어도 상대가 최근 일주일 사이에 무엇을 했는지 알고 있는 것이 좋다. 알고 있다는 것은 상대에게 관심이 있다는 중요한 신호다. 상대는 최근의 일을 묻는 나에 대해 호감을 가지게 된다.

상대가 관심을 가지고 있는 일에 관한 대화를 이끄는 것도 센스 있는 대화다. 상대가 좋아하는 취미를 알고 묻는 것은 상당히 효과적인 방법이다. 등산을 좋아하는 사람에게 이번 주말 등산을 갔는지 물어보는 순간, 상대는 기분 좋게 많은 이야기를 하게 된다. 상대와 연결 고리를 만드는 지름길이다.

공통의 관심사나 이벤트에 관한 대화도 대화 분위기를 긍정적으로 만든다. 직장 동료라면 곧 있을 송년회, 회식, 프로젝트 관련 일을 물으면 대화 분위기가 고조되기 마련이다. 다만 민감한 일이라면 피하는 것이 좋다. 공감대 형성은 같은 상황이나 과정을 같이 경험하는 과정을 통해 깊어진다.

어떤 대화를 할 때
상대는 내게 호감을 가질까?

모 대학 언론정보대학원에서 대인 커뮤니케이션 강의를 할 때의 일이다. 첫 수업 시간이었다. 어떤 학생들이 수업을 듣는지 살펴보다 순간 불편해졌다. 모 방송사의 부사장이 수강생으로 앉아 있는 것이 눈에 들어왔다. 언론계의 대선배가 제자로 들어온 것이다. 일순 당황했다. 첫 시간인 만큼 기본적인 수업 진행 오리엔테이션을 하고서 급히 나가려는데, 그 언론계 선배가 손을 번쩍 들었다. 그리고 질문을 한다.

"교수님, 우리는 대화를 왜 하는 겁니까?"

상당히 철학적인 질문이다. 난 아직도 그 선배가 나를 골탕 먹이기 위한 질문이라고 믿어 의심치 않는다. 난 망설임 없이 답했다.

"인정받고 싶기 때문입니다."

우리가 대화하는 근본적 욕구는 인정받고 싶기 때문이다. 지극히 현실적이고 솔직한 대답이다. 정보를 교류하고 관계를 맺고자 하는 욕구도 있지만 더 근본적인 것은 자신의 존재에 대한 인정이다. 대화를 통해 사회적 위치와 존재감을 확보하려는 욕구다. 다른 사람과 관계를 맺는 것 역시 관계 속에서 자신의 존재에 대한 위치를 인정받고자 하는 바람 때문이다. 이 대목에서 혹자는 타인의 인정을 목표로 하는 삶이 바람직하지 못하다고 비판할 수 있다. 남의 인정을 받지 못할 경우 가치관이 흔들리고 그것에 휘둘려 정체성을 잃게 된다는 지적이다. 옳은 지적이다. 다만 타인의 인정을 받는 게 매우 현실적인 성취 목표임을 강조하는 솔직한 표현이다. 그런 측면에서 타인에게 호감을 얻는 건 그 반대의 경우와 비교해 확연한 차이가 있다. 사람들에게 호감을 얻지 못하는 사람은 사회생활 적응에 큰 장애물을 만나기 마련이다. 소통을 하지 못하는 고고한 정신과 뻣뻣한 자존심은 당연히 시대착오적이다.

사람들에게 호감을 얻는 지극히 현실적인 방법은 상대를 높이고 자신을 낮추는 접근법이다. 이것은 가식이 아니라 상대를 존중하는 기본 자세다. 상대를 칭찬하는 게 대표적이다. 2019년 모 그룹 승진자 강의를 마치고 책에 사인을 할 때였다. 어떤 분이 사진을 같이 찍자고 하면서 배우 이선균 씨를 닮았다는 말을 건넨 적이 있었다. 정말 말도 안 되는 이야기지만 강의를 마치고 집에 오는 길이 즐거웠다. 때로는 정말 말도 안 되는 한마디의 칭찬이 예상 외의 효과를 가져온다고 한다.[3] 추상적인 칭찬보다는 구체적이고 세밀한 칭찬일 때 더욱 효과적이라는 사실도 기억할 필요가 있다.

자신의 결점을 솔직히 밝히는 것도 역시 호감을 주는 데 효과적이다. 미네소타대 캐시 애론슨(Kathy Aronson) 교수가 실시한 '퀴즈쇼 실험'은 빈틈 있는 사람이 호감을 준다는 사실을 잘 보여준다. 퀴즈쇼에서 우수한 실력을 보여준 사람이 인터뷰를 할 때 말도 안 되는 실수를 하도록 처리했다. 자신이 사는 동네를 혼동한다거나, 취미를 잘 말하지 못하도록 처리했다. 반면 다른 한 사람에게는 퀴즈 실력은 형편이 없지만 인터뷰는 정말 잘하도록 만들었다. 결과는 실력은 좋지만 인터뷰를 못한 사람이 훨씬 호감을 준다는 결과가 나왔다. 완벽한 사람보다는 약간의 빈틈과 실수가 더 호감을 갖게 만드는 심리학이 작동되는 셈이다. 허점이 매력을 증진시킨다는 일종의 '실수효과'인 셈이다.

대화를 할 때 잘난 척을 하는 것보다 자신의 결점과 단점 등을 적절히 노출할 때 훨씬 더 호감을 얻을 수 있다. 상대방이 충분히 수용 가능한 도움을 요청하는 것 역시 호감을 얻는 데 효과적이다. 도움을 요청하는 것은 자신의 부족함을 인정하는 동시에 상대의 우월한 점을 부각하는 시그널이다. 물론 돈을 빌려달라는 따위의 무리한 도움 요청은 금기 사항이다.

메라비언(Mehrabian)의 법칙은 비언어의 중요성을 강조할 때 자주 인용된다. 정보 전달력에 있어 비언어가 55%, 음색이 38%, 메시지가 7%라는 것이다. 물론 시간이 지날수록 메시지의 중요성이 높아지지만, 초반에는 비언어적 행동이 압도적으로 영향을 미친다는 것이다. 호감을 주는 비언어적 행동은 유사성의 원리와 맞닿아 있다. 일반적으로 사람들은 자신과 유사한 것에 안심하고 호감을 갖게 된다. 원시시대에 자신과 비슷한 물체를 보면 안심이 되지만, 다른 형태라면 생존을 위해 피해야 했다. 대화를 할 때 상대의 말투, 속도, 자세 등을 유사하게 따라해주면 큰 효과를 얻을 수 있다는 것이다.

속 시원히 대답하지 않는 상대와 대화할 때는?

대학 시절, 한 친구와의 일이다.
"내가 사실 너희한테 섭섭한 게 있어."
"그래? 뭔데?"
"음……. 아냐."
그날 밤 왜 속내를 끝내 말하지 않느냐며 다그쳤다. 하지만 결국 그 친구에게 섭섭한 이유를 듣지 못했다. 지금까지도 영원히 풀지 못한 숙제가 되었다. 결국 그 친구와의 관계는 단절되었다.

개인적인 대화가 아니더라도 어떤 사안에 대해 속 시원하게 말하지 않는 타입으로 연구검토형이 있다.

"생각해볼게요. 다음에 말씀드리겠습니다."

한 번은 그렇다 치더라도 계속해서 명확한 답변을 주지 않는다면 답답할 노릇이다. 하지만 관계를 위해서는 화를 내거나 다그치기보다는 상대의 답이 없음으로 인해서 어떤 불편과 감정이 생기는지 솔직히 말하는 것이 더 효과적이다.

반문형 상대는 질문에 답을 하지 않고 다른 것을 역으로 물어보는 경우다. 이때는 최대한 겸양의 격을 갖춘 뒤 정중하게 다시 묻는 것이 중요하다.

코끼리와 개미형으로 분류할 수 있는 상대는, 분명히 나는 코끼리에 대해 물어봤는데 엉뚱한 이야기를 하는 경우다. 물어본 코끼리에 대해 말하지 않고 코끼리 발바닥에 있는 개미 이야기를 길게 하는 타입을 말한다. 그때는 정확한 내용의 질문을 중간에 해서 핵심 내용이 나오도록 유도하는 것이 필요하다.

| 미 주 설 명 |

1) 고대 팔레스타인 중부 사마리아의 한 읍성이다. 당시 유대인들은 사마리아 사람들을 혼혈인으로 생각해 혐오했다.

2) 미디어 선택을 빨리하는 사람들을 지칭해 '플리퍼(flipper)족'이라고 한다. '스위치를 찰칵 누르다', '물건 등을 홱 움직이다', '책 등의 페이지를 획획 넘기다', '동전을 튕겨 올리다' 등의 뜻을 가지고 있는 단어 '플립(flip)'으로부터 비롯된 말이다. 플리퍼족은 TV를 볼 때 리모컨으로 1분에 적게는 두세 번, 많게는 수십 번씩 채널을 바꿔가며 시청하는 이들로 젊은 층에서 많이 발견할 수 있다. 이들은 TV에서 조금이라도 지루하거나 재미없는 장면이 나오거나, 광고가 나올 때면 즉각 채널을 돌리는 습관이 있다.

3) 스탠포드대학교 커뮤니케이션학과 교수인 클리포드 나스 교수팀은 CASA(computers are social actor) 실험을 통해 칭찬의 여러 효능과 방법에 대한 연구를 진행했다. CASA는 컴퓨터의 사용 빈도가 높아 컴퓨터를 사람처럼 느끼는 실험자들을 대상으로 진행한 연구이다. 일정한 역할수행 게임을 하며 컴퓨터가 칭찬하는 다양한 상황을 주었는데, 어떠한 칭찬도 다른 사람을 기분 좋게 하는 효과가 있었다. 물론 칭찬효과의 극대화를 위해서는 구체적으로 논리적이며 일관성 있는 칭찬이 효과적이었지만, 실험자가 터무니없는 실수를 한 상황에서 컴퓨터가 칭찬을 해도 일정 정도 칭찬을 통한 긍정적 정서 향상이 관찰되었다.

PART 4

불통의 공간을
소통의 공간으로

사람을 만나면서
눈치의 기술을 축적하라

앞에서 우리는 불통의 공간을 소통의 공간으로 변화시키는 대처 방법 및 기술을 '눈치'라는 키워드를 통해 알아보았다. 또한 소통 과정에서의 질문 방법과 그 중요성을 살펴보았다.

사실 눈치 및 질문 상황은 명확히 구분되는 것이라 보기 어렵다. 그것들은 대화의 전 과정에서 유기적으로 연결되어 있기 때문이다. 단지 우리가 상황을 파악하고 그에 맞는 학습을 하기 위해 구분하는 것이다.

생각해보자. 어색하고 낯선 상황을 맞게 되었다. 사람들이 보이지만 자신과 친한 사람이 아예 없다. 어떻게 대화의 물꼬를 틀 것인가? 혹은 얼굴은 알고 있지만 관계 자체가 소원한 사람과 단둘이 남아 있는 상태다. 이럴 땐 또 어떻게 상황을 풀어나갈 것인가?

다음의 로드맵을 보면서 대처 방안들을 찾아보자. 이것이 항상 기계적으로 적용되는 것은 아니다. 하나의 지침으로서 활용 가치가 높고 유용한 틀을 제공한다.

상황과 상대에 대한 관찰이 출발점이다

눈치파악은 당시의 상황과 상대에 대한 관찰 및 분석으로 시작된다. 물론 처음부터 완벽하게 파악하기는 어렵다. 의식적으로 훈련하고 많은 사람들을 만나면서 눈치의 기술은 향상되기 마련이다. 원시시대 사람들이 사냥 등을 통해 기술을 축적했듯이 목표의식을 갖고 관계를 맺다 보면 그 노력만큼 성과가 쌓일 것이다.

먼저 상대와의 관계를 판단해볼 필요가 있다. 다음의 경우를 생각해보자. 감정 교류에 대한 판단이다.

- 최근 1주일간 상대에게 어떤 일이 있었는지 알고 있는가?
- 개인적으로 친밀한 이야기를 하고 있는가?

상대와의 친밀도를 판단하는 방법

두 질문을 통해 상대와의 관계를 어느 정도는 예측할 수 있다. 적어도 1주일 동안 상대가 어떤 일을 하고 어떤 것 때문에 힘들거나 즐거웠는지 알고 있는지 여부에 따라 두 사람 관계를 대략 짐작할 수 있다.

평상시 내밀한 사적 이야기를 얼마만큼 오픈하고 있는지도 관계를 파악하는 매우 중요한 척도다. 알트만(Irwin Altman)과 테일러(Dalmas Taylor)의 사회적 침투 이론[1]를 보면 외피와 내피로 구분해 상호 간의 친밀성을 설명하는 기준을 제시한다.

먼저 가장 바깥에 있는 것은 외피다. 친하지 않은 사람과도 공유하게 되는 것으로서 외모와 이미 드러난 성격을 들 수 있다. 좀 더 안으로 들어가면 취미와 선호도에 대한 공유다. 종교적 신념은 이보다 더 친밀한 사람과 공유된다.

가장 안쪽에 있는 내피는 자신의 목표와 환상이다. 내피 쪽에 가까운 것을 교류할수록 둘의 관계가 친밀하다고 할 수 있다. 이를 참고하여 대화 공간에서 어떤 사람이 있고 그 사람과 평상시 어느 정도의 친밀성을 갖는 관계인지를 우선적으로 판단한다.

다음으로 해야 할 일은 상황과 분위기 파악이다.

- 그 공간에서 웃음이 있는가?
- 대화를 할 때 자주 단절이 되거나 침묵이 흐르는가?
- 사람들이 각자의 일에만 집중하는가?(시계를 보거나 휴대전화를 보거나 등)

웃음이 있다는 것은 일단 소통이 되고 있음을 알 수 있는 신호다. 물론 상사가 말하고 부하 직원들이 어색하게 웃는 상황이라면 문제가 되겠지만, 자연스러운 상황에서 웃음이 계속된다면 긍정적인 분위기라 할 수 있다.

분위기 파악의 중요한 척도는 대화의 단절 여부다. 어떤 대화든 가끔씩은 어색해지는 경우가 있기 마련이다. 특히 질문 뒤에 상대가 단답형의 답변을 한다면 대화가 끊어질 수 있다. 어떤 문제로 인해서 무언가가 막혀 있는 불통 상황이 되기 쉽다. 또 사람들이 대화에 집중하지 않고 개인 행동을 하는 것도 불통 상황이라 할 수 있다.

문자메시지를 확인하거나 인터넷 검색을 하고 있다면 전체 분위기가 소통에 적합하지 않다는 것을 보여주는 강력한 비언어적 단서다. 하나로 묶는 연결 고리가 약해 대화가 겉도는 상황이라 할 수 있다.

이러한 긍정적 혹은 부정적 상황을 재빠르게 관찰할 필요가 있다. 대화 상대와 자신과의 친밀 정도나 대화 분위기를 파악했다면 어떤 행동을 취할지 신속히 결정해야 한다. 눈치파악을 했다면 눈치행동을 결정해야 하는 것이다. 그 자리에서 계속 있는 것이 현명한 행동인지 혹은 적극적으로 끼어들어 분위기를 바꿔보는 것이 좋은지를 판단해야 한다. 다른 대안을 모색해보는 것도 유용한 방법이다.

대화 방식을
일상적으로 고민하는 습관이 중요

1차적 관찰이 끝났다면 질문 구성에 돌입한다. 때로는 침묵이 최고의 커뮤니케이션 방법일 수도 있다. 질문할 분위기가 아닌데 굳이 할 필요는 없다. 역효과가 우려되기 때문이다. 그런 상황이 아니라면 소통의 물꼬를 트는 적절한 질문을 던지는 게 현명하다. 3장에서 익힌 질문의 기술을 적용시키면 된다.

처음에는 가급적 개방형 질문을 하는 것이 적절하다. 예컨대 "제가 이 프로젝트에 대한 이해가 좀 부족한데, 좀 더 설명을 해주시겠어요?"라고 질문하면서 상대에게 대화의 주도권을 쥐어주는 것이다. 상대가 말하고 싶은 것을 할 수 있도록 그 자리를 만들어주는 것이 중요하다.

어떤 모임이든지 미리 상대에게 건넬 질문 내용을 생각하는 것은 매우 유용하다. 상대와의 친밀도, 상대의 의중, 상대가 선호하는 것, 상대의 근황 등을 종합해서 대화 방식을 미리 고민해두는 습관을 체득할 필요가 있다.

가장 훌륭한
커뮤니케이션 기술을 찾아서

질문 구성이 머릿속에서 완료되면 실행에 옮긴다. 적절한 시점에 질문을 던지는 것이다. 이 과정을 통해 상대의 반응과 심리 상태 등을 다시 파악한다. 상대의 반응을 살피는 또 한 번의 관찰을 통해 그에 맞는 후속 대응을 하면 된다.

상대 반응이 긍정적이면 준비된 여러 질문들을 통해 소통을 이어가면 된다. 그렇지 않은 경우 상대의 의중을 다시 파악해 유연한 대화 상태가 될 수 있도록 새로운 방안을 준비해야 한다. 상대를 존중하는 이런 식의 대화 방식은 큰 낭패를 보지 않는다.

이 과정은 말을 걸기 전에 판단한 것과 대화를 하면서 느낀 것을 종합하는 단계라 할 수 있다. 여기서 역시 눈치 기제가 활발히 작동된다. 자신이 하고 싶은 얘기에 몰두해 상대의 의중을 간파하지 못한다면 그 대화는 실패작으로 끝나고 만다.

공유하는 대화와
갈등하는 대화

실행과 함께하는 것은 공유다. 그 시간을 같이 공유하는 것이다. 공유라고 하는 것은 같은 것을 경험하는 것이다. 상대가 보고 느끼는 것을 자신도 느끼도록 하는 것이다. 대화 과정에서 자신이 보고 싶은 것만 보고, 듣고 싶은 것만 듣는다면 공유가 아니다. 상대를 존중하기 위해서는 상대의 눈높이에서 같이 시간을 보내야 한다.

카페의 모습을 상상해보자. 두 사람이 열심히 대화를 하고 있다. 하지만 서로의 주장만 이야기한다. 이와 달리 다른 쪽 테이블은 서로 창밖을 보는 두 사람의 편안한 모습이 보인다. 어느 쪽이 더 공유를 하고 있을까? 서로의 입장만을 되풀이한다면 그건 대화라 하기 어렵다. 의외로 이런 최악의 대화는 우리 일상에서 너무나도 자주 발견된다. 그것으로 인해 다툼이 벌어지고 갈등을 키우는 경우가 얼마나 많은가?

카페에서 편한 상태로 창밖을 보고 있는 것은 같은 것을 느끼는 행위다. 공유인 것이다. 이런 공유가 있을 때는 어떤 대화라도 부드럽고 자연스럽다. 미리 생각한 질문을 하면서 서로 같은 것을 느끼도록 대화 분위기를 조성하는 기술은 천금의 가치가 있다.

실행에는 테스트도 포함된다. 질문을 했는데 단답형으로 나오거나 비언어적으로 불편한 모습이 발견되면 한 발 물러서야 한다. 그런 반응을 보고도 질문을 계속하다가는 거친 감정이 생겨날 수도 있다. 예수의 소통 기술[2] 중 인상 깊은 것은 식사를 같이 하는 것이다. 심지어 자신을 죽이려 하는 율법학자들과도 스스럼없이 식사 자리를 만든다.

밥을 같이 먹는다는 것은 일종의 공유 행위다. 식탁에 앉기 전의 생각과 살아온 모습은 서로 다르지만 같은 음식을 먹는 식탁에서는 동등하다. 동등하게 밥을 먹는다는 것은 서로의 눈높이를 맞추며 무언가를 공유할 수 있는 최상의 여건이 된다.

갈등의 대부분은
잘못된 대화에서 생겨나

실행과 공유를 통해 상대의 마음 상태를 파악했다면 마지막 단계라 할 수 있는 본 대화로 넘어가도 좋다. 그렇지 않다면 이전 단계에서 멈추는 것이 더 지혜로운 것이다. 본 대화를 하지 못했다

하더라도 실망할 필요는 없다. 다음 기회가 있기 마련이다. 조급하면 득보다 실이 많은 법. 정작 하고 싶은 대화를 못 했다 하더라도 최대한 긍정적인 교감을 나누며 이후의 연결 고리를 만들었던 과정이라고 긍정적으로 받아들이면 된다.

본 대화는 자신이 궁금해하는 것, 설득하고 싶은 것, 하고 싶은 것을 대화를 통해 말하는 단계다. 많은 사람들은 앞의 단계를 거치지 않고 곧바로 본 대화로 넘어가곤 한다. 친밀도가 높고 서로 공유하는 바가 평상시에 많은 관계라면 문제가 없겠지만 그렇지 않은 경우에는 사달이 나곤 한다.

가장 자주 일어나는 현상은 상대의 기분과 상태를 살피지 않고 일방적으로 얘기를 퍼붓는 것이다. 정서적 교감은커녕 작은 연결 고리도 만들지 못하게 된다. 설득도 이루어지지 못하고 심하면 갈등이 생겨나 불통 상태가 오래 지속될 수도 있다. 공적 조직이든 지인들 간의 만남이든 갈등의 원인은 대부분 이 같은 잘못된 대화에 있다. 멀리 내다보고 차근히 접근하는 자세가 그 어떤 방법보다 빠른 길이다!

관계 악화는 순식간에 이루어지지만 복원시키려면 엄청난 비용을 감당해야 한다. 많은 비용을 들여서도 회복이 안 되는 경우도 많다는 것을 감안한다면 우리가 견지해야 할 자세가 분명해진다. 사람 관계는 매우 소중한 우리의 자산이다. 작은 실수로 큰 것을 잃지 않기 위해선 눈치 감수성을 키우는 일상적인 훈련이 필요하다. 그리 어려운 일이 아니다. 미리 생각하고 관찰하면서 자기 중심이 아닌 상대 중심으로 소통을 해나가는 일상적인 노력만 있으면 반드시 성과를 거둘 수 있다. 가장 훌륭한 커뮤니케이션 기술은 바로 거기에서 얻을 수 있다.

4가지 유형으로 살펴보는
눈치 상황 매트릭스

 앞에서 언급한 4단계는 연속적인 과정으로 연결돼 있다. 일상에서 그리고 관계 사이에서 작동하는 눈치 기제가 상황에 따라 끊임없이 상호작용하는 것과 깊은 관련이 있다. 남의 눈치나 타인의 시선에 얽매여 수동적이고 줏대 없는 행동을 하는 사람이 있는가 하면, 상대와 상황에 대한 의식적인 관찰을 통해 훌륭한 커뮤니케이션 기술을 발휘하는 사람이 있다. 즉 눈치만을 보는 사람과 눈치를 살피며 성과를 내는 행동을 하는 사람이 있는 것이다. 우문이겠지만 어떤 사람에게 밝은 햇살이 비칠까?

 그 대답과 함께 원활한 대인관계를 위해서 또 어떤 소통 공간을 만드는 것이 최선의 길인지 생각해보자. 더불어 다양한 개성들이 난무하고 돌발 변수가 많은 요즘 사회에서 더더욱 요구되는 눈치 능력 배양 기술을 다시금 떠올려보자.

분위기와 친밀도를 바탕으로 한 4가지 상황

눈치 상황 매트릭스를 4가지로 분류해보았다. 이 상황들은 일상의 모든 만남 공간을 아우른다고 보기는 어렵다. 하지만 대체로 우리 일상에서 접하는 여러 상황들을 분류하여 이에 대응하는 데 매우 유용한 틀을 제시한다. 분위기와 친밀도를 기준으로 4가지 상황으로 나누어 각 상황마다 어떻게 대처하는지를 살펴볼 수 있다.

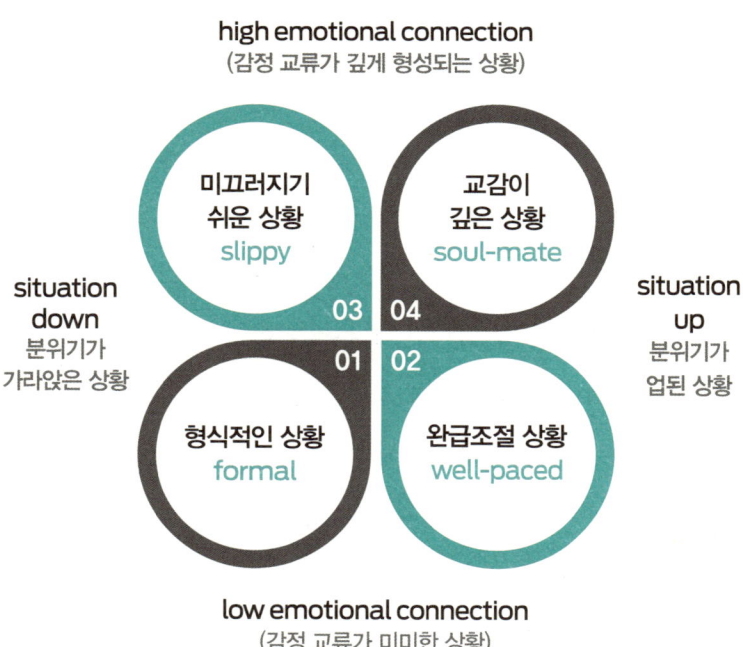

형식적인 상황 :
친밀도가 낮고 분위기도 조심스런 상황

사회생활을 하는 사람이라면 일상에서 가장 많이 접하는 경우다. 새로운 장소에 가서 새로운 사람을 만날 때 흔히 마주하는, 그래서 분위기 역시 조심스런 상황이다. 대체적으로 어색하거나 침묵이 흐르기 쉽고 경우에 따라 불편하거나 피하고 싶은 자리일 수도 있다. 하지만 꼭 필요하거나 감당해야 할 상황이거나 도전적으로 만들어나가는 자리다.

우리는 이런 상황을 종종 맞게 된다. 더욱이 활동적인 사람인 경우 일상의 많은 시간을 이 상황과 마주하게 된다. 어떻게 접근하는 것이 좋을까? 핵심은 적절한 거리 유지에 있다. 쇼펜하우어(Arthur Schopenhauer, 1788~1860)는 '고슴도치의 가시'라는 표현을 통해 관계에 있어 적절한 거리의 중요성을 강조한다.

추운 겨울날 고슴도치 두 마리가 밖에 있다. 의지할 수 있는 것은 서로의 체온뿐. 서로 의지하기 위해 가까이 간다. 그런데 각자의 가시가 걸림돌이다. 가까이 갈수록 가시를 통해 서로의 몸이 찔리는 상황이 연출된다. 여러 번의 시행착오를 거쳐 그들은 최적의 위치를 만들어낸다. 이것이 대화와 관계의 황금률[3]이다.

처음 만난 상대를 빨리 알고 싶은 마음 혹은 성과를 내겠다는 성급한 행동은 일을 그르치기 십상이다. 고슴도치의 가시가 가슴을 찌를 수 있다. 상대가 호의적인 모습을 보인다 하더라도 조급해서는 안 된다. 일시적인 호감을 갖는다 해서 어떤 가치 등을 공유한 게 아니다. 급하게 자신이 하고 싶은 이야기를 서둘러 꺼내거나 지나친 적극성을 보여주는 것은 장기적으로 이롭지 않다.

우선 스몰토크를 시도하는 것이 무난하다. 가벼운 이야기를 나누면서 자연스런 대화 분위기를 조성하는 것이 타당한 접근이다. 날씨 얘기를 하거나 일상의 소소하지만 미담이 될 만한 이야기를 주고받는 식이다. 누구나 공감할 만한 사회 이슈에 대해 의견을 교환해 공감대를 만드는 것도 좋은 방법이다. 정치적 의견이나 민감한 사회 어젠다 등은 가급적 피하는 게 좋다. 관건은 상대가 편안한 대화를 이어갈 수 있게 배려하는 것이다.

혹자는 자신의 가족 이야기를 하는 게 편한 스몰토크로 생각하는데, 꼭 그렇지는 않다. 가족 이야기가 상대에게 충분히 부담이 될 수도 있기 때문이다. 연애나 결혼 얘기도 복병일 수 있다. 당연히 결혼했을 거라고 믿고 자녀에 대한 질문을 했다가는 대형 사고(?)를 칠 수 있다. 상대가 미혼이라면 어쩔 것인가?

다른 대화를 나누다가 상대가 "우리 아이도 그거 좋아하는데……." 하는 말이 나올 때는 상황은 달라진다. 자녀에 대한 애정이 드러난 상대와 자녀 이야기를 좀 더 하는 게 아무래도 대화 분위기를 좋은 방향으로 이끈다. 대화 과정에서 상대의 관심사와 취향 등을 파악하는 단서를 찾는 건 그리 어려운 일이 아니다. 충분히 상대를 존중하고 차분히 상대의 말을 경청하면 작은 단서는 쉽게 포착할 수 있다.

이 과정은 당연히 호감을 보이고 얻는 과정이어야 한다. 말이 아닌 비언어적 모습을 통해 의사를 전달할 때 더욱 효과적일 때가 많다. 음식을 먹거나 움직일 때 상대를 배려하는 모습이나 환하게 웃는 모습을 보여주는 게 필요하다. 팔짱을 끼지 않고 손을 약간 벌리면서 자신의 중심을 숨기지 않는 열린 제스처를 통한 호감 높이기도 유용하다. 자신의 매력을 자연스레 발산하는 것도 같은 맥락이다.

욕심을 버리고 호감도를 높여라
- **적절한 거리를 유지하라.**
- **스몰토크를 하라.**
- **호감도를 높이도록 노력하라.**

완급조절 상황 :
친밀도는 낮지만 분위기는 좋은 상황

당신도 이런 사람들을 만난 경험이 있을 것이다.

- 어떤 연결 고리 등을 통해서 좋은 관계를 맺게 된 사람
- 아직 사회적 관계지만 내가 호감을 갖고 있고, 조금 더 알아가고 싶은 사람
- 업무를 함께 진행하고 있는데 앞으로 차차 알아가고 싶은 사람
- 일명 '썸' 타는 사람

이런 사람들과의 만남은 일종의 설렘 같은 게 생겨난다. 더욱이 오늘이 즐겁고 내일이 기다려지는 절호의 기회를 얻을 수도 있다. 기분 좋은 상태와 긍정적인 정서[4]는 대인관계 능력을 향상시킨다. 우리도 경험하지만 기분이 좋으면 왠지 일도 잘되고 더 너그러워지지 않는가?

어떤 이는 와인을 마실 때 그런 느낌이 든다고 한다. 한 잔을 마시면 기분이 좋아지면서 힘들었던 일까지 쉽게 해결될 것 같은 에너지가 생긴다는 것이다. 그런 기분으로 인해 실제로 마법 같은

일들이 일어났다고 한다. 물론 너무 마시다 보면 다시 기분이 나빠질지 모르겠지만……

아이센(Isen)은 그 유명한 캔디 스터디(Candy Study)[5]를 통해 기분 좋은 상태가 우리 심신에 어떤 영향을 미치는지에 대한 연구 결과를 발표한 바 있다. 그 결과에 따르면 기분 좋은 상태는 사람의 인지능력을 높이는 효과가 있다고 한다. 또 대인관계가 좋아진다는 것이다. 기분이 좋은 상태는 예전보다 더 사람을 부드러운 상황으로 이끌고 너그럽게 자신을 열게 된다는 게 그의 주장이다.

이 상황은 사실 좋은 기회라 할 수 있다. 자신이 친하게 지내고자 하는 사람에게 한 걸음 더 가까이 다가갈 수 있는 기회인 것이다. 상대가 기분이 좋은 상태이고 분위기가 좋다면 개방적인 상태라 볼 수 있다. 좀 더 접근하더라도 평소보다 더 우호적으로 반응할 확률이 높다는 것이다. 즉 더 깊은 단계로 나아갈 수 있는 절호의 찬스다. 다만 너무 갑자기 다가가기보다는 상황과 반응에 따라 완급조절이 필요하다. '밀당'의 기술이 필요한 때다.

이 상황에서는 적절한 자기 노출이 필요하다. 만약 처음 만난 사람에게 "제가 요즘 우울합니다." "월급이 들어오지 않아요." "저는 늘 행복합니다." 등의 이야기를 무작정 나열한다면 상대는 당신을 이상한 사람으로 여길 것이다. 대화는 단절될 테고.

앞서 언급한 알트만과 테일러의 양파이론처럼 자신을 서서히 오픈하는 게 효과적이다. 자기 노출을 하면서 상대의 반응을 예의 주시하는 건 기본이다. 자신 얘기에 빠져 상대 반응을 놓치면 그만큼 기회는 줄어든다.

분위기가 좋은 상황임에도 상대가 갑자기 말을 하지 않거나 주저하는 것은 부정적인 신호다. 이때는 후퇴가 상책이다. 업무적으로 계속 만나야 하는 사람이라도 일단 자리를 정리하는 게 좋다. "왜 표정이 갑자기 어두워졌습니까?"라고 묻는 식의 조급함을 드러내면 상대는 더 불편해할 공산이 크다. 다음의 만남을 기약하면 된다. 인간관계 형성은 대부분 빨리 되지 않는다.

대체적으로 분위기가 좋은 상황에서는 자신을 열고 대화에 임하게 되면 상대도 어느 정도 마음을 열기 마련이다. 상식적인 경우는 그렇다. 또한 완급조절 상황에서는 공통의 관심사를 찾아 대화의 밀도를 높이는 게 유효하다. 음식, 음악, 골프, 등산, 독서 등의 같은 취미를 발견하면 금세 친해지는 경우가 많다. 그러면서 편안한 대화기법으로 상대를 배려한다면 좀 더 밀도 있는 대화를 이어갈 수 있고 호감을 얻을 수 있다.

더 나아가 다음 만남을 약속하는 것도 의미가 있다. 설령 나중에 상대가 약속을 취소하더라도 초조해할 필요가 없다. 다음 기회를 가질 수 있는 불씨는 여전히 남아 있다. 차분히 기다리는 건 굉장히 멋진 일이다!

천천히 예의 바르게 다가가라

- 자기 노출 후 상대를 알아가라.
- 공통의 관심사를 찾아라.
- 기회가 허락된다면 약속을 잡아라. 그리고 기다려라.

미끄러지기 쉬운 상황 :
친분이 있는 사이지만 분위기가 좋지 않은 상황

우리 일상에서 의외로 자주 접하는 상황이다. 친하다고 생각한 사람들과 만났는데 예상과 달리 분위기가 좋지 않아 당황할 때가 있다. 사실 친분이 깊다 해서 언제나 친하다고 단정하긴 어렵다. 친한 사람일수록 더 조심해야 한다는 말이 있다. 친하다는 이유로 상대에 대한 배려를 소홀히 해 실수를 하는 경우가 의외로 많다. 말을 가리지 못한 채 상대의 감정이나 자존심을 상하게 하는 말실수가 대표적이다.

그뿐 아니라 일상의 사소한 일로 인해 관계에 금이 가는 사례가 많다. 분위기가 좋지 않은 상황임에도 친하다는 이유로 평소와 다름없이 행동했다가 큰 낭패를 당할 수 있다. 상대가 그동안의 관계를 감안해 그 자리에서는 부정적인 반응을 자제할 수는 있다. 하지만 경우에 따라 상대에 대한 큰 실망을 품을 수 있다.

분위기가 좋지 않은 경우에는 차분히 관찰하는 것이 최고의 덕목이다. 전체 분위기가 그런 것인지 아니면 특정 누군가의 일로 인해 분위기가 다운되었는지를 파악한다. 전체 분위기가 좋지 않은 상황이라면 귀띔을 해줄 만한 사람에게 조용히 묻는 게 좋다. 이유를 알아야 대처를 할 수 있고 실수를 줄일 수 있다. 특정 사람에게 안 좋은 일이 생겼는데, 늦게 도착한 사람이 눈치 없이 물어본다면 정말 눈치 없는 사람 혹은 더 나아가 개념 없는 사람이 될 수도 있다.

친하다고 생각한 상대가 기분이 다운되어 있다면 또 차분히 관찰해야 한다. 대화 상황에서 발생한 일로 기분이 상한 것인지, 아니면 다른 일로 인한 것인지 확인해봐야 한다.

질문을 할 때도 예단하지 말고 개방형으로 질문하는 것이 좋다. "무슨 일이 있어? 안색이 좋지 않은데…" 정도면 무난해 보인다. 상대가 "아무 일 없어."라고 대답하면 더 묻지 않는 게 현명하다. 이때 주의할 것은 많은 말을 하지 않는 것이다. 분위기가 좋지 않다고 반전을 위해 너무 많은 말을 해대는 것은 역시 눈치 없는 사람의 전형적 모습이다. 시간이 필요하고 인내심이 필요하다. 개방형 질문을 통해 상대가 어떤 심리 상태인지를 파악하는 것도 요령이지만 주로 들으면서 상대가 마음을 열 때까지 기다리는 것이 더욱 중요하다.

상대가 안 좋은 일이 있다면 위로를 해줘야 한다. 하지만 자신의 말을 통해 전하는 위로보다 같이 아파해주는 것이 진정한 위로임을 잊지 말아야 한다. 사람들은 대개 큰 상처를 받거나 고통을 겪을 때는 이성적인 판단력이 약해진다. 말 그대로 아무런 생각 없이 자신의 감정 상태에 빠지게 된다. 그럴 때 위로의 말을 한답시고 불필요한 충고를 하는 건 절대 금물이다. 아파하는 사람의 말을 들어주고 공감하는 게 절실할 때다. 그 공감의 마음과 함께 아픔을 나누는 정성으로 아픈 사람을 위로할 때 진짜 위로가 된다. 마음에 맺힌 말을 가까운 사람에게 털어내면 한결 상태가 좋아지기 마련이다.

상대가 기분이 왜 좋지 않은지를 관찰하려고 지나치게 다가가는 것도 주의해야 한다. 더군다나 내 위주의 말로 대화를 시도하는 것은 상대의 기분을 더욱 상하게 만들 수 있다. 시간이 지나도 상대 기분이 계속 그렇다면 차라리 자리를 피하는 것이 나을 수 있다. 역시 기다림이다.

미끄러지기 쉬우니 조심하라
- 차분하게 상황을 파악하라.
- 개방형으로 묻고 주로 들어라.
- 내 위주로 말을 하기보다는 기다려라.
- 만남의 시간을 길지 않게 하라.

교감이 깊은 상황 :
친밀도가 높고 분위기도 좋은 상황

"이보다 더 좋을 순 없다."

평소에 친한 사람들이 만나 즐겁게 이야기하는 상황이다. 공감하고 교류하며 관계를 한 단계 더 업그레이드할 수 있는 기회다. 그동안 차마 물어보지 못했던 내용도 이 분위기를 빌려 살며시 물어보는 것도 좋다. 이런 만남은 서로가 긍정적인 에너지를 주고받는 힐링의 공간이 될 수 있다. 게다가 더 깊고 알찬 소통을 거침없이 쏟아낼 수 있는 선물 같은 시간을 만들 수 있다. 소울 메이트를 만들고 오랫동안 유지할 수 있다는 것은 가장 것진 축복이다.

나아가 더 생산적인 일들을 도모하고 성과를 공유할 수도 있다. 당연하게도 각자의 인간관계의 중심축이 될 수 있다. 각자가 갖고 있는 장점과 다른 점을 받아들이는 상호 침투 과정에서 서로 성장하는 최선의 기회를 마련해간다면, 이는 황홀한 경험으로 남게 될 것이다.

그렇지만 소울 메이트는 쉽게 만날 수 없다는 걸 기억할 필요가 있다. 친밀 정도와 호감의 성격이 사람마다 천차만별이겠지만 분명한 건 소울 메이트는 오랜 시간을 필요로 한다는 사실이다. 가깝고 호감이 갈수록 상대에 대한 배려과 존중감이 깊어질 필요가 있다. 무척 호감이 가는 상대에게 분위기에 휩싸여 성급한 행동을 하다가는 '공든탑'이 무너지는 쓰린 경험을 맛볼 수 있다. 오랜 기간의 신뢰와 믿음 그리고 그에 걸맞은 공감의 시간들이 축적된 것만이 아름다운 관계를 오래 유지할 수 있다. 아마도 사랑하는 연인을 만나는 것과 유사할 것이다.

좋은 분위기에서 대화는 늘 즐거운 일이다. 하지만 즐거움이 영원히 이어질 수는 없다. 때론 어색해지거나 불편해지기도 하고 약간의 엇박자가 생기기도 한다. 그럴 때 자신의 감정이나 자존심을 앞세우기보다 상대를 먼저 생각하는 초심을 기억해야 한다. 우리가 입을 통해 내뱉는 언어는 마음에 품고 있는 생각의 반영이다. 그 언어는 상대의 마음에 곧바로 파고든다. 그 언어에 상대에 대한 신뢰와 배려의 마음을 담아야 한다. 가식적이거나 지나친 호의는 원래의 의중과는 달리 왜곡되게 전달되어 역효과를 부를 수 있다. 소중한 관계에 균열이 생기는 지점임을 명심할 필요가 있다.

소중한 관계에 금이 가는 건 너무나 큰 손실이다. 예컨대 어떤 질문을 했을 때 겉으로는 잘 드러나지 않지만 어떤 방어막을 치는 느낌이 든다면 당장 그 대화를 멈추어야 한다. 이때 상황에 대한 관찰과 상대에 대한 배려가 없다면 그걸 눈치채지 못하게 된다. 자신의 이익과 감정을 우선시하기보다 상대를 먼저 생각하는 눈치의 기술이 필요할 때가 바로 그 순간이다. 적절한 거리의 원칙은 황금률이란 걸 잊지 말아야 한다. 단순히 안부만 묻던 관계에서 서로의 고민과 삶의 여정을 나눌 수 있는 소중한 자리이기에 결코 간과해선 안 된다.

관계를 업그레이드할 수 있는 좋은 기회다

- 평소 궁금했던 내용으로 깊은 대화를 하라.
- 생산적이고 내일을 도모하는 화젯거리를 찾아라.
- 오랜 기간 신뢰와 믿음이 쌓일 수 있도록 길게 내다보자.
- 조급한 행동은 금물이다. 적절한 거리를 유지하라.

조직에서의
눈치 매트릭스의 적용

팀장 시절, 교육 사업을 위한 교안 기획회의 때다. 문체부 예산을 지원받아 전국의 초·중 100개교를 찾아가 아나운서가 직접 강의하는 사업이었다. 외부 예산 지원 사업이다 보니 강의 교안이 무엇보다 중요했다. 그래서 TF를 구성하고 여러 번 회의가 이어졌다. 기본적인 골격을 거의 잡아가던 때였는데, 그동안 휴가 등으로 인해 회의에 참석 못했던 한 후배가 뒤늦게 교안에 대한 다른 의견을 제시했다.

분위기가 갑자기 어색해졌고 서로의 눈치를 보는 상황이 연출됐다. 팀장으로서 순간 당혹스러울 수밖에 없었다. 골격을 잡아나가는 회의 초반에 충분히 후배들의 의견을 듣고 그걸 반영해 개괄적인 실행 계획의 가닥을 잡은 상태였다. 그것도 팀장이 먼저 이야기를 하면 후배들의 다양한 의견 개진이 어렵다는 것을 경험적으로 알고 있었기에 나름의 소통 과정을 충실히 진행했던 터였다.

회의에 충실히 참여한 다른 후배들이 지금 바꾸기는 어렵다는 의견을 냈지만, 막무가내로 자신의 의견을 고집하는 그 후배를 보면서 참으로 답답했다. 다른 스케줄을 포기한 채 예정보다 많은 시간을 들여 겨우겨우 그 후배를 설득해 마무리했다. 흔쾌한 마무리는 아니었기에 팀장으로서 심한 갈증이 났다. 무엇보다 관계로 이루어진 조직에서의 기본 자세를 망각한 채 자신의 의견만을 주장하는 광경이 자꾸 떠올랐다.

눈치가 전혀 없고 개념마저 실종된 것이 아닌가 하는 그 후배에 대한 생각과 팀장으로서 적절한 대응을 못 했다는 자책감이 겹쳐 며칠 동안 우울한 시간을 보내야 했다. 이 같은 사례는 대부분의 조직에서 일어나는 일들이다. 이럴 때 어떤 대응을 하는 것이 현명한 방법인지 잘 살펴볼 필요가 있다. 눈치 상황 매트릭스를 조직 생활에서 가장 중요한 상사-부하 간의 관계에 적용해보자.

부하 직원 입장에서 상사의 기분 상태와 관계에 따라 어떻게 대처하는지 표를 통해 알아보자. 먼저 형식적인 상황이다. 부하 직원 입장에서 조금은 숨이 막히는 상황이다. 회의실 자체가 엄숙하고 상사와도 인간적인 유대가 높지 않다. 그때는 '답게' 행동하는 게 상책이다. 신입은 신입답게 5년차는 5년차답게 본인의 역할을 묵묵히 수행하면 된다. 다운되지도 오버되지도 않게 자신의 임무를 성실히 수행한다는 이미지를 주면 된다. 상사의 지시에 대해서도 명확하고 깔끔하게 대응하면 된다.

조직인 만큼 조직의 규율과 질서에 맞게 일차적으로 대응하는 게 조직원의 임무이자 의무다. 생각이 다르고 상사의 지휘에 불편함이 있다면 그 개선 방향에 대한 의견을 눈치 있게 준비하면 된다. 개인적 이해관계에 따른 것이 아니라 조직의 관점에서 개선할 수 있는 방안을 설득력 있게 개진할 수 있는 센스 있는 방법들을 꾸준히 생각하면 된다. 팀워크에 녹아 있는 일상의 행동을 하다 보면 기회는 분명히 올 것이다.

두 번째, 완급조절 상황이다. 상사와의 개인적 유대는 깊지 않지만 분위기가 좋은 상황이다. 이 상황에서는 적절히 자기를 알리고 상사에게 어필하는 것이 필요하다. 상사와의 인간적 관계를 깊게 할 수 있는 절호의 찬스이다. "팀장님은 취미 활동으로 어떤 걸 하세요?" 같은 질문을 하는 것도 좋다. 이 기회를 놓치지 않기 위해서는 평상시 상사의 선호도를 미리 관찰해두면 좋을 것이다.

세 번째, 미끄러지기 쉬운 상황이다. 평상시 친하다고 생각한 상사의 표정이 굳어 있고 말수가 적다면, 즉 평상시 기준 행동의 모습이 보이지 않는다면 조심할 필요가 있다. 친하다는 이유로 어설프게 말하고 질문하는 것은 적절하지 않다. 당신은 후배이자 부하 직원이기 때문이다. 먼저 리트머스 역할을 하는 테스트 질문을 하는 것도 좋은 방법이다. 상황에 맞게 "오늘 어떠세요? 어제 잘 쉬셨어요? 어디 아프세요? 커피 한잔 하실래요?" 등 상황에 맞게 물어본 후 상사가 보여주는 태도에 따라 행동하면 된다. 반응이 퉁명스럽다면 뒤로 물러서는 것이 좋다. 만약 상사가 이야기를 한다면 진심을 담아 경청하면 된다. 이런 상황에서는 단지 듣는 것만으로도 효과적이다. 어설픈 의견이나 코멘트보다는 그냥 듣자.

마지막 교감이 깊은 상황에서는 평상시 가지고 있었던 생각을 말하는 것을 시도해보자. 관계의 깊음은 단지 취미나 선호도의 문

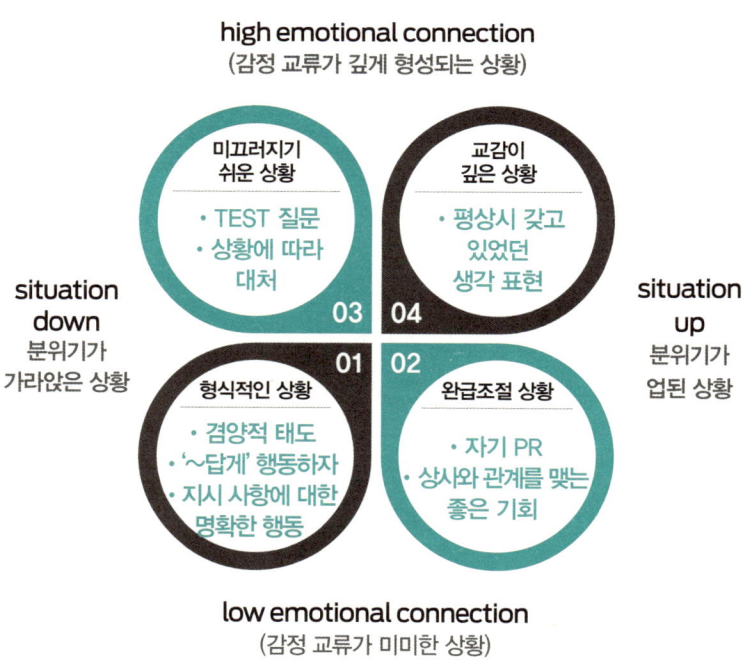

제를 넘어 가치관을 공유할 때 깊어진다. 자신의 생각을 표현하고 상사의 의견을 들으면서 관계는 더 깊어질 것이다. 만약 상사가 자신과 다른 의견을 개진한다면 적절한 호응으로 이야기를 멈추고 다음을 기약하면 된다.

몇 년 전 모 전자 사장을 코칭했을 때 일이다. 코칭 세션을 모두 마친 뒤의 식사 시간. 반주를 하다 보니 사장님이 풍류를 상당히 좋아하는 분이라는 것을 알게 되었다. 나랑 성향이 비슷하다 보니 왠지 동질감도 느껴지고 인간적 매력까지 끌렸다. 그런데 술이 몇 잔 들어간 후 사장님이 이런 이야기를 했다.

"박사님. 저는 회식을 하는 것이 참 좋습니다. 이렇게 술을 한 잔 두 잔 마시면 기분도 좋아지고 다른 부하 직원들과 소통에 큰 도움이 되는 것 같습니다. 술도 좋아해서 회식 있으면 끝까지 가서 계산하고 나옵니다."

그 말에 뜨악했다. 직장 생활 20여 년의 경험으로 확실히 알게 된 십계명 같은 원칙 하나는 직급이 높은 상사는 1차 회식 때 간단히 부하 직원을 위로하고 일찍 자리를 뜨는 게 바람직한 행동이라는 거다. 더욱이 최근에는 술자리를 하는 저녁 회식을 아예 안 하는 것이 더 좋다는 것이다. 그 사장님께 코치로서 급히 조언했다.

"사장님, 1차에서 계산만 하고 나가시는 것이 가장 좋은 회식 커뮤니케이션입니다. 더 술을 원하시면 지인들과 2차를 하시는 것을 권합니다. 부하 직원들은 상사가 없는 자신만의 공간을 원합니다. 1차로 충분합니다. 타이밍은 디저트가 나오는 순간에 계산 후 나오시는 것을 권합니다. 1차 마무리까지 하고 식당을 나서면 다른 부하 직원들이 상사를 모시고 가야 하나 하는 부담을 가집니다. 아마 직속 부하 직원인 부사장이나 전무는 사장님을 모시려 할 겁니다."

좋은 리더는 회식 자리에서도 빛을 발한다. 상사의 센스 있는 눈치는 조직을 평안하게 만든다.

이번에는 상사가 부하 직원을 대할 때의 상황이다. 자신이 상사라고 해서 마음대로 대하는 건 시대에 뒤떨어지는 행위다. 인간적인 유대 관계는 평상시보다는 위기 상황에 빛을 발하기 마련이다. 평상시에는 상벌이 있어 조직이 유기적으로 움직이는 경향을 보이지만 위기 상황이 닥치면 달라진다. 이해관계에 따라 행동이 갈리기도 하고 몸조심을 하게 된다. 때문에 능동성과 적극성이 현저히 떨어질 공산이 크다.

우선 형식적인 상황에서는 가벼운 질문을 던지기를 권한다. 스몰토크를 하면 상대의 무거움이 가벼워지기 때문이다. 이 상황에서는 부하 직원도 많은 이야기를 할 여력이 없을 확률이 높다. 간

략한 지시사항을 알리는 것으로 족하다. 다만 말조심을 해야 한다. 지적을 하거나 평가를 하는 것은 조심하자.

완급조절 상황에서는 보다 구체적인 질문, 개인 신상 질문을 통해 상대를 더 알아갈 수 있는 상황이다. 평상시 궁금한 내용을 물어보자.

미끄러지기 쉬운 상황에서는 지나치게 꼬치꼬치 묻지 말자. 위로한답시고 계속 물어봐야 상대는 부담을 더 느낄 뿐이다. 적절한

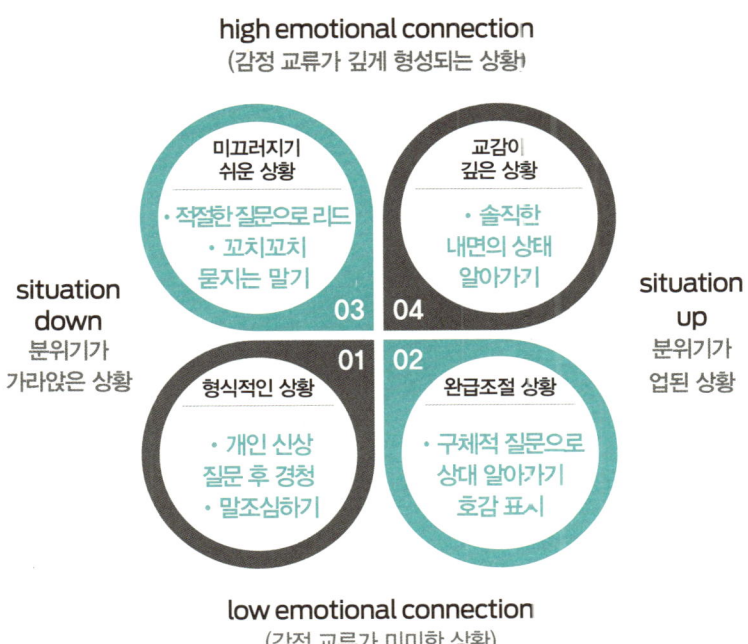

질문으로 상황을 리드하는 것으로 족하다. 교감이 깊은 상황에서는 앞서 언급한 것처럼 솔직한 내면, 가치관 관련 대화를 통해 서로 깊어지는 계기를 만든다면 최선이다.

원만한 인간관계를 맺으려 하는 것은 그 과정 자체의 즐거움도 있지만 자신을 성장시키기 위한 동기가 더욱 강하다. 부하 직원과의 원활한 관계 형성을 주도하고 성과를 일궈내는 것은 가장 중요한 리더의 덕목이다. 여러 이유로 조직을 떠나더라도 인생의 후배를 얻는다면 소중한 관계가 오랫동안 유지되는 것이다.

나는 가끔씩 정년퇴직한 선배들의 모습을 보면서 가슴 깊이 느끼게 된다. 예전에 잘나갔던 게 능사가 아니라는 걸. 후배들과 인간적인 교감을 나눴던 그것이 더 소중하다는 걸.

| 미 주 설 명 |

1) 사회적 침투 이론은 관계가 발전함에 따라 대인 간 커뮤니케이션이 상대적으로 얕고 덜 친밀한 수준에서 더 깊고 친밀한 수준으로 이동해간다는 내용이다.
2) 〈지저스 코칭〉 중 예수의 소통 기술 인용.
3) 언어학자인 그라이스(Grice)의 '대화의 3원칙' 중 하나. 그는 대화의 3원칙으로 협력성의 원리, 공손성의 원리, 적절한 거리의 원리를 주장했다.
4) 사람이 환경 자극에 직면하여 그것이 자신에게 좋은 것이거나 유익한 것으로 판단하였을 때 발생하는 정서를 말한다. 즐거움, 사랑, 득의감 등이 그 예이다. 중요한 것은 작은 자극이지만 자신에게 유의미할 때 생기는 정서이다.
5) 엘리스 아이센(Alice Isen) 교수는 '캔디 스터디'라는 연구 실험을 통해 '긍정적인 정서'가 문제 해결 능력을 키워준다는 결과를 입증했다. 사탕을 나눠 준 아이들과 그렇지 않은 아이들에게 같은 문제를 풀도록 실험한 결과, 사탕을 받은 그룹이 더 문제를 잘 풀었고, 같은 실험을 의사에게도 적용해보니 사탕을 받은 그룹의 의사가 오진율이 더 낮았다. 여기서 중요한 건 사탕이 아니라 사탕을 받고 기분이 좋아진 것이다.

PART 5

대화기술은
눈치 행동의 하이라이트

눈치가 밥 먹여준다!
센스 있는 대화법

"눈치가 밥 먹여준다."

사실 과한 말이 아니다. 역설적으로 말하자면, 눈치 없는 행동으로는 밥 먹고 살아가기 힘든 세상이다. 눈치 감수성이 낮은 사람은 여하튼 소통 비용이 많이 든다. 대인관계에서도 상대적으로 어려움이 많다. 눈치 능력이 떨어지진 않지만 적절한 행동을 못 하는 사람은 더 위험하다. 경솔한 행동을 자주 하거나 독선적인 언행이 많다는 것인데, 사람과의 관계를 원활하게 풀지 못하기 때문이다.

모든 사람에게 처세술은 반드시 필요하다. 먹고 생활하고 또 생존하기 위해서다. 생존에 관해서는 우리 모두가 이기적일 수밖에 없다. 그러하기에 지나칠 정도로 이기적인 행동을 하는 사람이 생겨나고 또 그런 사람들 중에서 나름의 성공을 거두며 '떵떵거리며'

살아가는 경우도 있다. 사람들은 그런 사람들의 비도덕성 혹은 비열한 처세를 비난하곤 하지만 한편으로는 그들이 쥐고 있는 '돈'과 '힘'에 대해서만큼은 내심 배 아파한다. 대다수 사람들은 그들과 다른 성공을 꿈꾼다. 도덕적으로 살면서도 많은 돈을 벌 수 있는 삶을 원한다. 그 꿈을 위해서는 건강한 처세법이 필요하다.

건강한 처세법이 필요한 이유

눈치 기술은 상황과 사람을 판단한 뒤 적절한 행동으로 연결시켜 성과를 일궈내는 일종의 처세 방법이다. 또 행복한 삶을 위한 커뮤니케이션 고급 기술이다. 눈치 능력이 타고나는 감각 같은 것이라고 생각하는 것은 커다란 착각이다. 반대로 철저히 노력하고 경험하면서 만들어가는 능력이다. 환경적 요인도 영향을 미치겠지만 본인의 의지가 더욱 결정적이다. 그 의지는 당연하게도 행복한 삶을 위한, 성공하는 삶을 향한, 즐겁고 유익한 인간관계 형성을 위한 것이다. 여기서 살펴볼 눈치 있는 대화법은 눈치 기술의 하이라이트라 할 수 있다. 결국 대화를 통해서 대인관계를 만들어가기 때문이다. 그럼 이제 밥 먹여주는 대화법을 함께 살펴보자.

커뮤니케이션의 가장 중요한 요소는 자존감이다. 자존감이 없는 대화는 영혼이 없는 대화와 마찬가지다. 자신과 자신의 일에 소신 없는 사람과의 대화는 그 자리를 당장 벗어나고픈 충동을 불러일으킨다. 자존감 없는 상태에서 누군가와 대화를 하는 것은 참으로 무의미한 행동이다. 우리는 보통 누군가와 대화를 할 때 상대의 말과 눈빛에 주목한다. 그러면서 상대의 매력을 관찰한다. 그 매력의 핵심 요소는 대화 속에 녹아 있는 상대의 자존감이다. 사람들은 자존감이 높은 사람을 우선적으로 신뢰한다. 전제 조건 같은 거다. 어떤 사람이 책 만드는 일에 자긍심이 없는 에디터와 책 출간을 상의하겠는가?

자신을 가치 있게 여기는 자존감

눈치는 상대의 마음을 살피는 것에서 시작된다. 그런데 상대 역시 나를 관찰한다. 대화는 상호작용으로 이어지기 마련이다. 자신의 몸과 마음이 건강하지 못한 상태라면 상대를 잘 배려할 수 없다. 게다가 상대에게 건강한 기운을 보내며 유익한 대화를 이끌 수 없다. 오히려 불편함을 줄 뿐이다.

자존감은 자아 존중감과 자기 효능감이 합쳐진 것이다. 자신을 가치 있게 여기며, 자신의 일에 자긍심을 갖는 마음이다. 자존감은 마음속에 갖고 있는 자존심 같은 것만으로는 키워지지 않는다. 실제의 노력과 분투를 통해 만들어낸 성취경험이 더해져야 한다. 어떤 일도 해낼 수 있다는 충만한 자신감은 대화 상대에게도 그 기운이 전달되기 마련이다. 관계에 대한 성취 경험도 마찬가지다. 사람과의 만남에서 유익한 관계들을 만들어내고 또 이를 통해 더욱 자신감을 갖게 만드는 선순환 과정! 사회생활의 꽃이다.

중심을 잡아라

스스로를 '박쥐 스타일', '꽃가루 인생'이라고 표현하는 경우가 있다. 자신을 좀 희화화한 것으로 보이지만 나름의 철학이 엿보이기도 한다. 박쥐를 비난할 수 없다. 이랬다저랬다 하는 것이 아니라 독특한 주관을 가지고 있는 것이라면 문제가 없다. 꽃가루처럼 묻어간다고 하지만 그런 유연성이 그 사람만의 장점일 수도 있다.

자신만의 가치와 신념을 가진 사람은 정체성이 있다. 또 그 자체가 매력이다. 자신의 가치를 바탕으로 상황 판단을 했다면 결과가 나쁘다 하더라도 주체적인 판단이다. 안 좋은 결과 때문에 신념을 바꾼다면 그 신념은 너무 가벼운 것이 된다. 대신 고루한 생각과 고집은 날마다 청소하듯 버려야 한다.

건강하고 훌륭한 눈치 능력을 갖춘 사람은 예외 없이 매우 주체적인 인물이다. 또 개방적인 자세를 가진 사람이다. 급변하는 시대에는 어제의 생각과 다른 오늘의 생각이 필요하다.

눈치 행위가 수동적인 것이 아니라 주체적인 것이 되기 위해선 중심이 잡힌 사람이 되어야 한다. 임기응변에만 능한 사람을 눈치 능력이 뛰어난 사람이라고 할 수 없다. 그저 눈치가 빠른 사람일 뿐이다. 정치적으로 진보적인 생각을 갖고 있던 사람이 어느 대화에서 마치 자신을 보수주의자인 양 하는 것은 너무 우스꽝스럽지 않은가. 사람들은 상대를 존중하면서도 소신을 보이는 사람에서 서서히 귀 기울이며 결국 호감을 갖게 된다.

각각의 상황에 따라 판단하라

관찰의 힘은 거듭될수록 커진다. 데이터가 축적되듯 지속적인 관찰과 그에 따른 상황 판단은 훈련될수록 정교해진다. 하루 10분이라도 복기하는 데 시간을 할애하자. 그런 습관은 큰 힘이 된다. 누군가와의 만남이 있었다면 이후 상대의 마음, 태도, 기분 상태 등이 어땠는지 다시 생각해보는 것이다. 사람들은 기본적으로 자기중심적 사고를 하기 마련이다. 때문에 늘 주의를 기울이지 않으면 자기 위주의 행동을 하게 된다. 눈치 있는 대화기술을 습득하려면 복기하는 습관이 바탕이 되어야 한다.

그리고 듣는 자세가 필수적이다. 일단 상대의 말을 경청하고 다 들은 후에 판단해야 한다. 남의 이야기를 듣는 도중 미리 판단해 말을 끊거나 자신의 생각을 거듭 강조하는 대화는 실패를 부른다. 경우에 따라서는 매우 심각한 상황을 맞을 수도 있다. 상대의 말을 듣는 시간은 황금처럼 소중하다.

상황이 좀 복잡하고 좀 더 신중할 필요가 있을 땐 판단을 보류하는 게 현명할 때가 많다. 보류는 방치와 다르다. 방치가 그냥 그대로 내버려두는 것이라면, 보류는 일단 자신의 의견을 드러내지 않는 것이다. 그만큼 성급한 말을 조심하자는 의미다. 상황에 따른 임기응변 역시 중요하다. 상대가 보여주는 메시지, 태도, 비언어 등을 종합적으로 판단하며 완급조절을 해야 한다 .

적절히 표현하라

대화는 탁구와 같은 것이다. 상대가 기분 좋게 말을 이어갈 수 있도록 유도한다면 1차 신호는 파란색이다. 너무 급하게 묻거나 재촉하듯 상대 의견을 요구하는 등의 태도는 물론 잘난 척하거나 상대를 무시하는 듯한 언어 표현은 금기 사항이다.

짧고 명확히 말하는 게 좋다. 장황한 말들은 결국 자기 위주의 대화가 되고 상대의 입을 막는 행위가 된다. 말을 많이 듣는 사람이 대화의 위너란 말이 있다. 센스 있는 사람은 간결한 언어를 구사하며 상대의 장황한 설명까지 경청하는 사람이다.

자신이 말하면 듣는 사람이 모두 집중할 거라고 생각하는 것은 큰 착각이다. 자신도 그러하지 못한다는 걸 상기해보라. 미국 심리학자인 조지 아미티지 밀러(George Amitage Miller)의 '마법 숫자 7'처럼[1] 사람들이 기억할 수 있는 정보량 자체는 한정적이다. 센스 있는 대화는 짧은 대화다. 기본적으로 '스몰토크-상대 이야기를 길게 듣고 나의 짧은 메시지 전하기-스몰토크' 순으로 운영하는 것이 좋다.

피드백을 중시하라, 반면교사의 교훈

회사에서 가끔 농담을 즐길 만큼 친한 후배와 있었던 일이다. 그 후배가 예전에 계약직 직원과 '썸'을 탔던 이야기를 반농담식으로 꺼낸 적이 있었다. 그런데 며칠 후 후배가 정색을 하며 사무적인 말투의 메시지를 보내왔다.

"선배. 그 당시 이야기를 다시는 하지 않았으면 좋겠습니다. 선배가 장난식으로 말하는 것이 기분 나쁩니다."

얼굴이 화끈거렸다. 분위기를 띄우기 위해 던진 농담이 후배를 불편하게 할 줄 생각지 못했던 것이다. 완벽한 실수였다. 사람들은 누구나 실수를 하기 마련이다. 대화에서도 마찬가지다. 그런 실수를 반복하지 않도록 그 원인을 기억하고 또 기억하자.

이후 정중히 사과의 메시지를 후배에게 보냈다.

"OO야, 미안하다. 내가 그 당시 일을 너무나 가볍게 이야기해서 너의 기분을 상하게 했다니 진심으로 미안하다. 생각이 짧았네. 다시는 그 이야기를 언급하지 않을게. 화 풀고 나의 경솔함을 용서해 주라."

그리고 다시는 그 일을 언급하지 않았다. 그리고 특별히 신경

쓴 것은 예전처럼 함께 농담도 나누며 어색해지지 않게 지내려고 한 점이다. 상대의 지적을 받아들이는 것도 중요한 피드백이다. 센스 있는 대화는 피드백을 통해 완성되어간다.

평판을 중시하라

인사고과를 할 때 상향 평가, 동료 평가 등 다양한 방식이 동원된다. 다면 입체 평가를 하는 것이다. 눈치 있는 사람이 되기 위해서는 자신의 대화 방식과 스타일이 어떠한지를 평가받을 필요가 있다. 아나운서들이 경력이 쌓일수록 외모가 세련되게 변하고 목소리가 좋아지는 데에는 다 이유가 있다. 바로 모니터링이나 합평회 같은 평가 과정이 뒷받침하기 때문이다.

신입사원이거나 새로운 프로그램에 투입됐을 때는 몇 번에 걸쳐 합평회를 하게 된다. 방송 영상을 보면서 선후배가 함께 모니터링을 해주는 것이다. 그런 과정을 통해 자신의 모습을 객관적으로 살피는 시간을 갖게 된다. 장점은 더욱 부각시키고 단점은 보강하는 자기계발을 통해 경쟁력 있는 아나운서로 거듭나게 되는 것이다.

사람들을 만나고 대화하는 자신의 모습에 대해 여러 사람들의 평가나 조언을 구할 수 있다면 도움이 된다. 자신이 얼마나 상대를 배려하고 센스 있게 행동했는지 물으면 된다.

눈치 능력을 키우기 위해 노력하지 않는 사람은 자신의 평판이 어떠한지 제대로 알지 못한다. 자신에 대한 평가를 객관적으로 해줄 사람이 있다는 건 큰 축복이다. 다른 사람들의 시선을 두려워할 필요는 없지만 평가 내용에 대해서는 두려워해야 한다. 자신의 평판이 어떤지 다면 평가를 정기적으로 시행해보자! 인간관계에 대한 평가, 가족의 평가, 지인의 평가, 관찰자의 평가를 자연스럽게 받아보자.

수업 시간 선생님의 한숨과 커피는 피곤함을 의미한다. 또 옷차림은 그날의 어떤 스케줄을 추측할 수 있다. 눈치는 사회화 과정이다. 또 오랜 시간 쌓인 경험이다. 상대가 하는 행동, 표정, 눈빛을 보고 무슨 생각을 하는지 판단하는 습관을 갖자.

자신에게 철저하게, 상대에겐 관대하게
상처 주는 대화

　어떤 사람과 대화를 하고 나면 머리가 아프고 화가 날 때가 있다. 사소한 거라도 말을 나누고 나면 불쾌지수가 높아지는 그런 경우다. 서로 간의 대화 코드가 맞지 않아서다. 더 정확히 얘기하자면 양자가 상대에게 모두 불만이 쌓여 있기 때문일 것이다. 대화 내용 자체도 그렇지만 대화 전 서로에게 보인 행동과 모습이 큰 영향을 끼치기 마련이다.

　어느 날 남편이 큰 결심을 하고 이야기한다.
　"여보, 그동안 내가 잘못했어. 당신 맘을 헤아리지 못한 것 같아. 새로 출발하자고……. 그런 의미로 이번 주말에 여행 가자. 제주인데. 비행기 표 끊고 좋은 호텔도 예약했어."
　부인이 시큰둥하게 대답한다.

"나 이번 주 동창회 모임 있는 거 몰랐어?"

남편은 재차 설득하려 한다.

"에이, 그러지 말고 가자. 어렵게 예약했는데……."

하지만 부인의 대답은 여전히 싸늘하다.

"당신은 늘 이런 식이지?"

감정은 대화 이전의 행동과 태도에서부터 생겨난다

이 부부는 여행을 갈 수 있었을까? 극적인 반전이 있지 않는 이상 그 결과는 뻔하다. 남편은 아내와 가정에 잘해야겠다고 생각한 순간부터 모든 것을 판단했다고 볼 수 있다. 하지만 부인은 달랐다. 신혼 초부터 남편에 대한 섭섭함과 불만이 쌓여 있었다. 그런 이유로 남편의 말을 그대로 수용하기 어려웠다. 남편의 여행 제안도 반가운 게 아니다. 오랫동안 불성실한 모습을 보였던 남편이 갑자기 좋은 사람이 되겠다고 말하는 상황이다. 사람들 사이의 감정은 대화 이전의 수많은 행동과 태도에서부터 생겨난다는 것을 남편이 기억했어야 하지 않았을까?

부정적 감정을 드러내는 최악의 대화

막스-플랑크(Max-Planck) 뇌과학연구소에서 fMRI[2]로 대화 시의 뇌 모습을 촬영한 바 있다. 그 결과 흥미로운 사실이 발견됐다. 누군가가 부정적인 말과 감정을 표현하는 순간 상대의 뇌 편도체가 심각한 스트레스를 받는 실험 결과가 나왔다. '투쟁-도피 반응(fight or flight response)'[3]이 나왔다는 것이다. 주목할 만한 사실은 즉각 반응과 관련 있는 편도체가 작동하며 자기방어 기제가 발동되었다는 점이다.

생물체의 뇌는 진화를 거치며 3단계로 구성되어 있다는 것이 정설이다. 맨 처음은 편도체가 관장하는 파충류의 뇌이다. 현재가 가장 중요하며 투쟁-도피의 반응이 나온다. 상황 변화에 따라 즉각 반응하는 것이다.

그다음 진화된 뇌는 포유류의 뇌다. 이것은 과거에 집중한다. 과거의 경험을 통해 현재를 바라보고 반성할 수 있다. 경험과 노하우를 쌓으며 현재에 대처할 수 있는 것이다.

마지막으로, 진화된 가장 외피에 있는 뇌다. 영장류의 뇌로 인간만이 가지고 있다. 다른 사람의 마음을 헤아리는 이 뇌의 특징은 미래를 바라보며 현재의 감정을 제어할 수 있다는 것이다. 우리가 심신의 면역력과 안정성이 있을 때는 영장류의 뇌가 작동을 하지만, 스트레스를 받을 경우에는 현재만 바라보는 파충류의 뇌가 작동한다.

상대와 대화 도중 기분이 나빠지는 것은 대개 대화 이전의 악감정이 남아 있기 때문이다. 별거 아닌 일로 화를 내는 것은 상대와 예전부터 감정적으로 얽혀 있다는 방증이 된다.

대화 시 상대가 부정적 감정을 표현하면 사람의 뇌는 스트레스를 받고 생물학적 반응(기분 나쁨, 대항, 반발)을 보인다. 그것은 또 상대에 대한 감정으로 저장된다. 그러고선 순간의 감정 반응에 따라 좋은 사람 혹은 나쁜 사람으로 구분하는 경향이 있다. 현대사회에서의 인간관계는 과거와는 확연하게 달리 상대의 깊은 속까지 이해하는 지속적 만남은 극히 드물다. 한두 번의 만남과 대화로 특정 사람을 평가하기 마련이다. 세련된 화법이 더욱 필요한 이유이기도 하다. 부정적 감정을 드러내는 화법은 최악의 대화다.

우리의 감정은 곧 습관의 표현이기도 하다. 우리의 뇌는 기본적으로 평소에 유지했던 익숙한 상태를 지키려 한다. 유쾌하거나 불쾌한 감정이 아닌 익숙한 감정을 더 선호하는 것이다. 그러다가 불쾌하거나 나쁜 감정이 생겨나면 우리 뇌는 부정적 반응에 익숙해지게 된다. 좋은 감정이 습관이 되면 좋지만 나쁜 감정이 유지된다면 문제가 된다. 짜증 나는 시간이 계속 이어진다는 것은 짜증 나는 상황에 익숙해졌기 때문이다.

이러한 부정적 감정을 자주 반복적으로 상대에게 드러내는 것은 상대에게 스트레스를 줄 뿐만 아니라 좋지 않은 믿음까지 형성하게 만든다.

상대에게 큰 상처를 주는
세 가지 대화 유형

상처를 주는 대화에는 어떤 것이 있는지 알아보자. 우선 정체성을 훼손하는 대화다. 상대의 지위와 위치를 훼손하는 말을 한다면 돌이킬 수 없는 상황에 놓일 수 있다.

"가장으로서 돈도 못 벌고 뭐하는 거야?"
"어이, 김 과장 당신이 과장으로서 모범을 보여야 하는데 일을 이 따위로 해?"
"교회 집사가 그런 식으로 행동하면 안 되지?"
"신입이 빠릿빠릿해야지, 왜 그래?"

시대착오적인 이 같은 말은 상대로 하여금 걷잡을 수 없는 감정 상태로 몰아간다.

신혼 때 가장 듣기 싫은 말 중 한두 가지가 아직도 기억난다. "당신네 집안은 왜 그래?", "교회 다니는 사람이 왜 그래?" 하는 말이었다. 듣는 순간 이성의 뇌는 온데간데없이 사라지고 한 마리의 파충류가 되는 경험을 한 적이 있었다. 악의에 의한 것이 아니라 순간적으로 화가 나서 하는 말이라는 걸 짐작할 수 있는 상황이어도 당사자의 충격은 여전한 법이다.

말은 뱉은 후에 물리거나 회수할 수 없다. 상처를 주는 말은 아주 오랫동안 잊히지 않기 때문이다. 아무리 화가 나는 상황이라도 상대의 정체성과 지위를 언급하며 공격하는 것은 그동안 들인 모든 노력과 피땀을 수포로 만든다.

상대의 가치관 등을 비판하는 것 역시 금기 사항이다. 가치는 한 사람이 소중하게 여기는 것이라 할 수 있다. 클래식을 좋아하는 부인이 오디션 성악 프로그램에 꽂혀 매일 음악을 듣고 있다. 그런데 별 생각이 없는 남편의 한마디.

"이제 그만 좀 들어. 지겹지도 않아?"

자세히 들여다보면 "그만 좀 들어."라는 명령투 언어 성분이 들어 있고, '지겹다'라는 남편의 가치가 녹아 있다. 지금이 조선시대가 아니라면 당연히 부인의 감정은 싸늘해졌을 거다. 차이를 인정하지 못하는 것은 문맹과 가깝다. 차라리 "지금 일 좀 해야 하는데 소리 좀 줄여줄래?" 하는 게 더 낫다.

혹자는 억울해하면서 항변하곤 한다. 처음에는 부드럽고 정중하게 자신이 싫어하는 어떤 행위를 하지 말라고 부탁했다는 것이다. 그런데 제대로 응답도 하지 않은 채 계속해서 그 행위가 이어져 결국에는 화가 나 격한 말을 하게 되었다는 해명이다. 그 해명을 자세히 듣다 보면 그 사람의 답답한 심경을 어느 정도는 이해가 되기도 한다.

하지만 그럼에도 그 화법은 확실히 문제가 있다. 또 그런 화법이 드러나게 한 그 사람의 가치관에도 의문을 갖게 된다. 상대가 소중히 여기는 것을 존중하지 않고 하찮게 여기는 태도가 갈등을 불러일으키는 주범인 까닭이다. 사람에 대한 관심과 존중은 소통의 출발점이다.

상대 행위를 직접적으로 비판하는 대화도 피해야 한다. 상대의 잘못된 행동을 비판하는 것은 나쁜 일이 아니다. 문제는 적절성 여부다. 비판을 할 때 그 사람의 잘못된 행동을 객관적으로 지적해 공감할 수 있게 만드는 게 중요하다. 그런데 이게 참 쉽지 않은 일이다. 감정이나 편견 같은 게 개입되기 쉽기 때문이다.

감정 등을 잘 조절했다 하더라도 표현 방법이 정밀하지 못하면

이 역시 부작용을 막지 못한다. 현재의 행동만을 지적하는 게 아니라 과거의 일까지 끌어들여 상대를 부정적인 프레임으로 몰아붙이기 쉽다. 행동에 대한 과장된 지적이나 마치 죄인처럼 재단하는 비판 역시 부적절한 대응일 것이다.

당신은 지적을 먼저 하는가, 칭찬을 먼저 하는가? 통상 칭찬을 먼저 하고 그다음 부족한 점을 지적한 뒤 다시 칭찬으로 마무리하는 게 효과적이다. 그런데 스탠포드대학의 클리포드 나스(Clifford Nass) 교수[4]는 다른 주장을 편다. 칭찬보다는 지적을 먼저 하고 칭찬을 하는 것이 더 효과적이라는 것이다.

그가 제시하는 근거는 이렇다. 사람들은 일단 칭찬을 받으면 기분이 좋아진다. 그런데 이후 비판을 받게 되면 뇌는 역행 간섭(Retroactive Interference)[5]을 받는다. 즉 앞선 정보들이 망각되고 자기를 방어하기에 급급해진다는 것이다. 앞선 칭찬보다는 현재의 비판받는 모습에 뇌가 집중한다는 것이다. 그러면 자연스럽게 순향 증강(Proactive Enhancement)[6]이 이루어진다. 자기를 보호하기 위해 인지적 기제가 총동원된다는 것이다. 그러면서 '저 사람은 나를 비판하기 위해 일부러 칭찬을 했구나.' 하는 생각까지 갖게 된다는 것이다. 그런 의미로 본다면 차라리 지적을 하고 구체적인 칭찬을 하는 것이 더 효과적일 수 있다.

긍정적 표현을 즐겨 쓰면 너그러워진다

앞에서 살펴본 것처럼 상대의 정체성 및 가치를 훼손하고 그의 행동에 대해 부적절한 비판을 할 때 상대는 마음의 상처를 받게 된다. 누군가와 대화를 할 때 이런 요소들을 필히 명심해야 한다. 언어가 변화하면 뇌도 변화가 이루어진다. 긍정적 표현을 즐겨 쓰다 보면 우리의 뇌도 긍정적인 모습을 익숙하게 받아들이고 너그러워진다. 그리고 결국 관계도 변하게 되는 것이다. 사람과 사람 사이를 가장 강하게 결속시키는 솔루션은 바로 관대함이다. 자신에게는 철저하게, 상대에게는 관대하게 대하는 것이야말로 소통 기술의 핵심이다.

건강하고 유익한 소통을 위해
치유의 대화

상대의 언어를 잘못 이해하고 그 판단에 근거해 '저 사람은 ㅇㅇ한 사람이기에 절대 어울려서는 안 되는 부류다.' 등의 어떤 믿음 체계로 굳어져버린다면 돌이킬 수 없게 된다. 우리는 수많은 오해를 주고받으면서 살아간다. 적어도 상대의 말과 행동을 급하게 단정 짓지 않는 것만으로도 훌륭한 처세법일 수 있다. '공감하려면 상상하라.'는 말이 있다. 상대의 모든 것을 파악할 순 없기에 최대한 상대의 입장에서 그의 행동을 파악하는 상상력이 공감의 열쇠가 된다는 의미다.

동양철학에 이런 말이 있다.

"진리를 얻고자 대화를 시작하지만 궁극엔 상대를 이기고자 대화를 한다."

이익과 니즈가 충돌되는 대화는 오해를 풀고 협상을 하기 위한 접근으로 시작한다. 그러다가 상대에게 상처를 주는 이기기 위한 대화로 바뀐다.

어쩔 수 없이 발현되는 인간 본성의 한 단면이다. 이런 대화의 결과는 뻔하다.《대화 지능》의 저자 주디스 E. 글레이저(Judith E. Glaser)는 'power over' 대화에서 'power with' 대화로의 변화에 주목한다.

대화 수준의 3단계

그는 대화 수준을 3단계로 구분했다. 1단계는 거래의 대화다. 상호간 자료와 정보교환을 하는 수준이다. 서로 알지 못하고 그럴 필요도 없다. 2단계는 위치의 대화다. 힘과 영향력을 가진 상태에서 대화를 하는 것이다. 조직 안에서 위치의 대화를 쉽게 목격할 수 있다. 여기에서는 'power over' 대화가 이루어진다. 서로의 힘에 따른 위치를 확인하고 거기에 맞는 대화를 하는 것이다. 이 단계에서도 정보가 교류되지만 동등한 교류는 아니다.

마지막 3단계는 변화의 대화다. 이것은 공통의 목표를 위해 대화를 하는 것이다. 지위나 위치보다 서로의 공통된 가치를 발견해 나아가는 것이다. 설령 위치와 지위가 다르더라도 서로의 목표가 동일하다면 'power with' 대화가 된다. 지위가 지시와 명령의 도구가 아닌 역할 분담의 도구가 될 수 있는 상황이다. 이 변화의 대화를 통해 서로 인정하고 존중하며 나아갈 수 있다.

사람은 타인의 인정을 통해 자신의 존재를 확인한다

치유 대화를 위한 첫 번째 키워드로 '인정'을 꼽을 수 있다.《다섯 가지 사랑의 언어》[7]"의 저자 게리 채프먼(Gary Chapman)은 사랑을 표현하는 최고의 방식은 인정이라고 말한다. 우리가 대화를 하는 근본적인 목적은 인정받고 싶기 때문이라는 게 그의 주장이다. 매슬로우의 욕구단계 이론에서도 모든 욕구의 기저에는 인정이 있다는 것을 전제한다.[8] 특히 명예의 욕구는 인정받고 싶다는 강렬한 메시지인 것이다. 사람과의 관계 속에서 자신의 존재를 확인받고 싶지 않은 사람이 있을까?

사람들은 타인의 인정을 통해 자신의 존재를 확인한다. 또 그 과정에서 삶의 동기를 부여받는다. 치유 대화의 핵심은 상대를 인정하는 것이다. 그것도 있는 그대로. 갈등의 대화를 풀어나갈 마법의 단어 하나를 꼽자면 '인정'이라고 말하고 싶다. 조건을 달지 말고 상대를 있는 그대로 인정하는 것!

"난 당신을 인정해. 하지만 말이야, 근데 말이야……."

이런 말투는 곤란하다.

당신이 있어서 행복하다고 말하라

그다음 치유 대화로는 감사의 말이나 사과의 메시지를 담백하게 건네는 대화다. 작은 호의에도 감사의 말을 전하는 건 상대를 기분 좋게 만든다. 상대가 자신과 대화에 응해주는 것도 감사한 일이라 생각하자. 소중한 시간을 함께해 주었기 때문이다. 의례적인 표현보다는 어떤 일에 감사한지 구체적으로 언급해야 한다. 최고의 감사의 말은 다음의 말이 아닐까?

"당신이 내 옆에 있어줘서 너무 감사해. 당신을 통해 난 행복해."

사람들은 누구나 다 실수를 하고 잘못을 한다. 문제는 그것에 대한 사후 대처 방법이다. 사과를 할 때에도 기술이 필요하다. 진심으로 뉘우치고 있다 하더라도 상대에게 올곧이 전해지지 않는다면 아무 소용이 없다.

사과는 원칙적으로 상대가 수용할 때까지 하는 것이다. 사과를 할 때에도 일정한 단계가 있다. 우선 어떤 일이 잘못되었는지 구체적으로 인정한다. 다음으로는 상대에게 준 피해에 대해 어떻게 보상할 것인지를 설명한다. 그리고 진심을 담아 재차 용서를 구하는 방법이다.

짧은 질문으로
긴 대답을 유도

또 다른 치유 대화로는 관심 표명이 있다.

"왜 이렇게 나에게 관심이 없어?"

남녀 간에 다툼이 있을 때 자주 등장하는 표현이다. 남자는 분명 관심을 가지고 있다고 생각하지만 여자는 그렇지 않은 상황에서 나올 법한 언어다. 무뚝뚝한 남자를 듬직하다고 여겼던 시대와 그런 이데올로기는 종적을 감춘 지 오래다. 적극적으로 표현하고 그 진심이 상대에게 전달되도록 노력하는 것이 정답이다.

상대에게 관심이 있음을 보여주는 가장 간단하고 효과적인 방법은 질문을 던지는 것이다. 질문을 할 때의 핵심은 짧은 질문으로 긴 대답을 유도하는 것이다. 비슷한 질문을 반복하는 건 상대의 말에 집중하지 못했음을 자백하는 격인 만큼 주의해야 할 부분이다. 상대가 편하게 말할 수 있는 소재, 더 나아가 상대로 하여금 관심이 높아 흥이 나서 말하게 만드는 대화 소재를 찾는 게 효율적이다.

말뿐 아니라 비언어를 통해서 메시지를 전하는 것도 좋은 방법이다. 관심이 있다는 우호적인 눈빛과 제스처를 전한다면 거의 예외 없이 대화 분위기가 부드러워진다. 대화를 나눌 때 팔짱을 낀 자세는 관망하는 듯한 방어적인 대응으로 비칠 수 있다. 상대에게 관심이 없다는 신호로 전달될 수 있기에 역시 주의해야 할 대목이다. 무엇보다 열린 제스처를 통해 편안한 대화로 유도하는 것이 핵심 포인트다.

30초 이내의 간결한 대화가
소통의 관건

간결하게 말하기도 치유 대화를 이끄는 방법이다. 어떤 사람과 대화하다 보면 머리가 아프고 답답할 때가 있다. 관심이 별로 없는 내용을 장황하게 늘어놓는 사람과 대화를 할 경우다. 무엇이든 과한 것은 실패를 부르는 지름길이다. 너무 많은 정보는 듣는 것 자체를 포기하게 만들게 된다.

사람의 뇌는 정보를 덩어리로서 기억하는 데 통상 4개의 덩어리(chunk)가 넘어가면 정보가 입력되지 않는다는 게 전문가들의 지적이다. 새로운 정보가 4개 이상이 되면 과부하가 걸린다는 것이다.

뇌신경과학자인 앤드류 뉴버그(Andrew Newberg)는 30초 이하로 간결하게 말하는 것이 소통의 관건이라고 강조한다. 말을 많이 하는 것이 좋은 대화가 아니라 간결하게 말하는 것이 좋은 대화라는 지적이다. 흔히 말다툼을 할 때면 당사자들이 서로 많은 말을 하려고 애쓴다. 말을 많이 해야 상대를 이긴다는 심리가 깔려 있기 때문이다. 그래서 상대를 누르고 싶은 욕심에 기를 쓰고 상대의 말을 가로채며 이른바 '말빨'을 세우곤 한다.

30초 이하의 대화라고 하는 것은 긴 내용의 설명이 필요한 용건을 잘게 나누어 주고받듯이 소통하는 걸 의미한다. 몇 초 이내의 극히 짧은 대화를 물 흐르듯 연결시키면서 대화 분위기를 고조시키다가 자세한 설명이 필요할 때가 오면 30초 이내의 간결한 발화를 여러 번 나누어 전달하면 된다. 이때 논리적인 어휘는 가급적 줄이는 게 좋다.

글로 표현하는 것과 달리 말로 전하는 대화는 전달 과정에서 비언어적 표현까지 동원되기에 전달 효과가 매우 높다. 굳이 딱딱하고 논리성이 강한 언어들을 꺼내 들 필요가 없다. 쉽고 간결한 언어로도 충분히 소통 가능하다. 짧은 대화들로 연결된 커뮤니케이션은 평면적이지 않고 입체적인 것이 된다. 밝게 웃고 또 약간의 농담과 재치 있는 유머나 촌철살인의 비유 등을 곁들인다면 매우 유익한 만남이 된다.

미래 시제의 대화가 유용한 이유

미래 시제의 대화도 치유 대화를 이끌어내는 방법이다. 흔히 과거 문제를 거론하다 보면 책임 소재에 대한 얘기가 나올 수 있다. 그 당시 왜 그랬는지 따지게 되는 상황을 연출할 수도 있다. 물론 과거의 무용담을 얘기하는 것은 다르겠지만 대체적으로 현재의 관점에서 보면 과거의 시행착오를 겨냥해야 할 때가 훨씬 많다.

그렇다면 현재 시제는 어떤가? 현재 문제를 얘기할 때 주의해야 할 지점은 자신의 감정 상태를 드러내는 대화 상황이다. '화가 난다', '기분이 좋지 않다', '○○가 왜 그렇게 행동하는지 이해하기 어렵다' 등의 얘기가 나온다면 분위기는 일순 가라앉기 마련이다.

반면에 같이 도모할 미래를 구상하는 것은 'power with' 대화다. 같이 이뤄나갈 목표점을 부각시킬 수 있는 대화 방식이다. 그런 의미에서 미래 시제를 담은 화젯거리를 다른 시제보다 의식적으로 많이 할당하는 대화 방식이 훨씬 효과적이라 할 수 있다. 갈등 상황을 최소화하고 서로에게 동기부여를 할 수 있는 방법이기 때문이다. 게다가 공유하는 것이 많은 대화가 무엇보다 건강하고 유익한 소통인 까닭이다.

상대의 몸짓에는 그 의도가 녹아 있다
비언어적 행동에 대한 눈치 파악

가장 기본적이고 직접적인 소통 방식은 서로 얼굴을 마주한 대화다. 그 대화 공간에서 사람들은 언어 표현을 통해 자신의 의견을 피력하거나 상대의 말을 듣게 된다. 그런데 대면한 상태에서의 소통은 언어적 표현이 아닌 비언어적 행동에 의해 분위기가 좌우될 때가 많다.

한마디의 농담 뒤에 뒤따르는 유쾌한 웃음이 분위기를 반전시킬 수 있다. 또 우스꽝스런 제스처 하나로 어색한 분위기를 금세 풀어주기도 한다. 특히 비언어적 행동은 몸짓으로 드러난 상대의 심리상태와 정서 및 태도 등을 파악하는 매우 중요한 단서라 할 수 있다. 이에 대한 관찰 역시 유연한 소통을 하기 위한 중요한 요소가 된다.

상대방이
말하지 않는 것을 관찰하라

앞서 언급한 적이 있는 〈세상의 모든 지식〉 프로그램에서 야심찬 기획을 했다. 웃음, 울음, 분노, 용서 등의 키워드와 연결시켜 전문가들을 초청하는 감성 시리즈를 기획한 것이다. 제작진은 물론 진행자인 나 역시 내심 방송 대상감이 될 수 있다는 기대를 가졌다. 대상이 아니더라도 적어도 우수 프로그램상 정도는 받을 수 있을 거라고 믿었다. 아쉽게도 그 기대는 꿈에 머물고 말았지만 시행착오 끝에 얻어낸 값진 결실도 있었다. 언어 표현뿐 아니라 상대의 여러 비언어적 행동을 파악하는 눈을 갖게 된 게 가장 큰 성과였다.

앞서 질문의 기술을 다루는 장에서 언급했듯이 출연자가 나오면 테스트 질문을 던져 상대의 언어 구사력을 판단한다. 한번은 웃음 관련 출연자에게 역시 같은 질문을 던졌다.

"오실 때 힘들지 않으셨어요? 웃음에서 가장 중요한 것은 무엇인가요?"

그러자 웃음 관련 출연자는 약간 과잉 표정을 지으며 말했다.

"아니, 아나운서님 저 선수예요. 지금 이야기하면 김이 빠지니 생방송에서 하시죠."

그의 자신감에 일단은 안심을 했다. 그런데 생방송에 들어가니 그 판단은 완전 착오였다. 그 출연자는 심하게 땀을 흘리기 시작했고, 본인의 긴장을 들키지 않기 위해 과잉된 멘트와 몸짓을 남발했다. 결정적으로 오리진 콘텐츠, 즉 시청자들에게 도움이 될 만한 유용한 정보가 전혀 없었다. 1시간 방송을 끌고 가기에는 너무나 내용이 너무나 빈약했다. 방송사고의 조짐도 보였다. 급히 실전적인 정보 팁을 끄집어내기 위해 구체적으로 어떻게 웃어야 되는지 등을 물었는데, 그는 신체 부위가 흔들릴 정도로 웃어야 한다는 등의 방송 금기어를 남발하고 말았다. 결국 방송은 엉망이 되었다. 이 방송이 시작된 이후 처음으로 예정에 없던 음악까지 틀었다. 방송 대상은커녕 국장으로부터 주의를 받는 등 잊히지 않는 흑역사로 남게 되었다.

복기해보니 그 출연자의 자신감 넘치는 말간 믿었던 안이함과 경솔함이 문제였다. 좀 더 출연자의 사전 리허설 광경을 면밀히 관찰했어야 했다. 뒤늦게 기억을 더듬어보니, 그는 방송 전부터 손톱을 자주 물어뜯었고 결정적으로 다리를 심하게 떨었다. 그걸 제대로 관찰하지 못했던 것이다. 비언어적 행동을 철저히 관찰해야 한다는 걸 배우기 위한 혹독한(?) 수업료를 치렀던 기억이 아직도 생생하다. 상대방이 입으로 말하지 않은 것을 보는 것이 중요함을 방송 참사와 함께 처절(?)하게 느꼈던 하루!

비언어를 파악하기 전 살펴야 될 5C

추운 겨울날 직장 동료가 버스 정류장 앞에서 몸을 구부리고 한숨을 쉬고 있다. 그리고 같은 모습을 사무실 안 책상 앞에서 연출하고 있다면 어떨까? 같은 모습이지만 어느 환경에 놓여 있는지에 따라 의미는 달라진다. 이것이 바로 맥락(context) 이다. 앞선 모습은 춥다는 의미이지만, 사무실 안에서의 모습은 좌절과 슬픔의 모습일 수 있는 것이다. 처해 있는 맥락에 따라 비언어 해석에 눈치 기제를 작동해야 한다.

또 묶음(clusters)으로 봐야 더욱 확실한 관찰이 가능해진다. 단순히 손톱을 물어뜯는다는 것 한 동작으로 그 사람의 불안감을 단정하기는 어렵다. 다리를 떨고, 식은땀을 흘리며, 시선이 불안정한 모습 등의 여러 단서를 묶어보면 상대의 상태를 비교적 명료하게 살필 수 있다. 팔짱을 낀 모습뿐 아니라 얼굴 찌푸리기, 고개 젓기까지 같이 하고 있다면 상대가 부정적 감정에 놓여 있다고 판단할 수 있다.

"이번 주 대근 괜찮니?" 선배의 말에 후배가 "네에." 하고 답을 한다. 그런데 미간을 찌푸리고 있고 표정이 좋아 보이질 않는다. 그렇다면 흔쾌한 대답이 아닌 것이다. 실상 언어보다는 비언어적 행동이 훨씬 더 내면의 의미를 더 잘 보여준다. 사랑한다고 말하는데 주저하는 듯한 표정이 있다면 사랑의 표현은 극히 왜소해진다. 행복하다 말하면서 한숨을 쉰다면 그리 행복하지 않은 것처럼.

언어와 비언어의 일치(congruence) 정도를 직관적으로 파악하는 건 그리 어려운 일이 아니다. "좋아요." 하고 말하면서 고개를 가로 젓는다면, 부정의 의미가 담겨 있는 것이다. 지속성(cosistency)을 체크하는 것도 중요한 포인트가 된다. 사람에게는 기준 행동이 있다. 평상시 스트레스를 받지 않는 상황에서 하는 행동으로 상대의 심리를 비교적 정확히 파악할 수 있다. 평상시 손을 만지는 행동을 자주 한다면, 발표 시 손을 만진다고 그 사람이 긴장했다고 단정할 수 없다. 마지막 C는 문화(culture)이다. 나라간 문화의 차이를 고려해 판단해야 한다. 우리나라에서는 손바닥을 보이든 손등이 보이든 V는 좋은 의미로 사용되지만, 영국과 호주에서는 손등을 보이는 V는 큰 모욕의 제스처가 된다.

모 기업의 조찬 특강을 갔을 때 일이다. 그 기업은 매달 명사를 초청해 특강을 진행하는 회사였다. 그때 임원들을 상대로 '리더의 언어와 마음을 사로잡는 소통의 법칙'을 주제로 강의를 했었다. 한

참 강의를 하고 있는데, TV에서 자주 보던 그 기업의 오너가 들어온 것이 아닌가? 긴장이 되고 신경이 쓰였다. 내가 가진 강의 스킬을 총동원해 열강을 했다. 그런데 무표정한 오너의 모습이 눈에 들어왔다. 그러자 조바심이 좀 일었다. 다른 임원들은 웃고 고개를 끄덕이는데 그 오너만 가만히 나를 응시할 뿐이어서 의아했다. 혹시 제대로 강의를 못한 것이 아닌가 하는 생각마저 들었다.

강의를 마친 뒤 그 오너와 형식적인 인사를 한 뒤 돌아가는 길이 심적으로 무척 무거웠다. 그날 오후에 기업 담당자의 전화를 받았다.

"박사님, 오늘 강의 너무 좋았습니다. 혹시 지방도 강의를 가시는지요? 저희 회장님께서 지방에 있는 임원들도 강의를 꼭 들었으면 좋겠다고 하셔서요."

뜻밖의 전화에 화들짝 놀랐다. 그래서 조심스럽게 말했다. "회장님 표정이 별로 좋지 않아서 걱정했습니다." 그랬더니 " 박사님, 저희 회장님은 강의 들어오셨다가 거의 바로 나가십니다. 끝까지 앉아 계신 경우가 박사님 강의가 처음이었습니다." 그 오너의 기준 행동은 무표정이었다.

긍정의 모습과 부정의 모습을
파악하는 흥미로운 방법

신체적으로 인간에게 있어 가장 약한 부분은 어디일까? 어떤 관점으로 보는지에 따라 다르지만 목과 배꼽 그리고 그곳[9]이다. 비언어학자들은 중요 부위를 열어두느냐 닫아두느냐에 따라 긍정과 부정의 모습을 판단할 수 있다고 주장한다. 단정적인 판단이 아니라 그럴 확률이 높다는 의미다.

어느 장소에 들어갔는데, A와 B 두 남자 사이에 한 여성이 있다. 그 여성의 배꼽의 방향은 A에게 향해 있고, 고개를 돌려 B남자와 대화를 하고 있다면 이 여성은 누구에게 더 호감이 있을까? 비언어적 판단으로는 A이다.

긍정의 메시지

- 팔을 벌리고 손바닥을 노출한다.
- 다리를 꼬지 않고 배꼽이 상대를 향해 있다.
- 앞으로 몸을 기울이는 것은 관심과 긍정의 메시지다.
- 손 첨탑(스티플) 자세를 하는 것은 자신감의 표현이다.
- 호주머니에 손을 넣더라도 엄지를 보여주는 것은 자신감을 나타낸다.

부정의 메시지

- 팔짱을 끼고 손을 숨긴다(손을 뒤로 하거나 앞으로 모은다).
- 다리를 꼬고 배꼽이 문이나 다른 방향으로 향해 있다.
- 손바닥을 보이지 않고 반대로 손바닥으로 누르는 자세는 강요의 의미다.
- 대화 시 뒤로 물러나는 것은 관심이 없거나 반대 의견을 갖고 있다는 신호다.

배꼽의 위치는 자신의 관심과 호감을 나타내는 방향타다. 그래서 누군가와 대화할 때 공감적 이미지를 더 부각시키기 위해서는 배꼽의 위치를 상대에게로 맞추는 것이 좋다. 특히 악수를 하는 정치인들의 모습을 가만히 살펴보면 꽤 흥미로운 점을 발견할 수 있다. 많은 사람과 악수를 할 때 한 사람 한 사람 배꼽을 맞추고 하는 사람이 있는가 하면 옆에 서서 지나가듯이 하는 사람이 있다. 사뭇 다른 느낌이 들 것이다.

그리고 통상 중요 부위를 손으로 가리는 자세는 겸손한 이미지를 연출한다. 반면, 자신감이 없거나 본인을 보호하고자 하는 심리가 강할 때도 그런 모습을 보이기도 한다. 또한 대화 시 손으로 목을 가리는 것은 뭔가 당황스러운 상황에서 자신을 방어하고자 하는 신호로 파악할 수 있다. 결국 목, 배꼽, 그곳의 위치가 열려 있는지에 따라 긍정과 부정의 신호를 추론해볼 수 있다.

대화를 끝내고 싶어요 ㅠㅠ

사회생활을 하다 보니 다양한 사람과 모임을 가지게 된다. 그럴 때 힘든 것은 투머치 토커, 수다쟁이를 만나는 것이다. 빨리 모임을 마치고 휴식을 취하고 싶은데 이야기가 끊이질 않는다. 내가 왜 상대의 사촌 이야기를 그리도 깊게 알아야 되는지……. 만약 당신이 눈치가 있는 사람이라면 상대의 비언어적 행동을 간파하고 상대의 심중을 빨리 파악해야 한다. 상대가 더 이상 대화를 원하고 있지 않다는 걸.

예컨대 상대가 의자 앞에 걸터앉아 있고 더 나아가 무릎에 손을 얹고 앞으로 기울인 채 배꼽이 문을 향해 있다면, 상대는 이 자리를 빨리 벗어나고 싶은 것이다. 아마 당신이 대화를 마치면 쏜살같이 나갈 것이다. 하품을 하며 턱을 괴고 있다는 것은 상대의 생각에 흥미를 느끼지 못한다는 강력한 시그널이다. 거기에다 1~2초 눈을 감고 있다면 딴생각을 할 확률이 높다.

통상 고개를 끄덕이는 것은 동감이나 인정의 표시지만, 대화 도중 고개의 끄덕임이 빨라진다면 거의 100% 대화에서 벗어나고 싶다는 신호다. 이렇게 비언어적 행동의 단서를 묶음으로 보면 상대의 마음을 차분히 살필 수 있다.

당신은 진짜로 즐거운가요?

비언어 전문가인 캘리포니아대학의 폴 에크만(Paul Ekman) 교수는 인간의 표정이 6가지임을 밝혀냈다. 그 표정은 뉴욕 사람이든 파푸아뉴기니의 원주민이든 동일하다는 것이다. 인간의 6가지 표정은 기쁨, 놀람, 슬픔, 공포, 혐오, 분노이다. 최근에는 경멸까지 추가되어 7가지 표정임을 주장한다. 그중에 가장 속이기 쉬운 것이 바로 기쁨과 즐거움의 표현이다.

우리는 누군가의 유머에 억지로 웃어야 할 때가 있지 않은가? 그 어색한 표정 혹은 거짓 표정을 밝히기 위해서는 상대 얼굴을 자세히 살펴야 한다. 사람의 얼굴은 비대칭이다. 보통 왼쪽 얼굴이 감정에 더 충실하다고 한다. 누군가의 유머에 상대의 얼굴이 약간 찌그러진다면 진짜 웃는 게 아니다.

두 번째는 지속 시간이다. 진짜 웃음의 반응은 그리 길지 않다. 그런데 4초가 넘게 오버해서 웃는다면 속임수일 확률이 높다. 다음은 타이밍으로, 먼저 말이 끝나지 않았는데 미리 웃는다면 의심을 해봐야 한다. 진짜 표정은 상황이 발생한 바로 그 시점이나 잠시 뒤에 찾아오기 때문이다. 진짜 표정은 얼굴 전체에 영향을 미친다. 특히 진짜 미소는 눈을 보면 안다. 특히 눈썹이 내려가며 눈 주위의 근육이 움직인다. 당신의 유머는 상대를 진짜로 웃기고 있는가?

누군가가 당신을 속이고 있다

비언어의 묶음으로 기만의 의미를 파악하기 위해서는 여러 단서를 봐야 한다. 말을 떨며 혀를 날름거리고 입술에 손을 대면 당신을 속이고 있을 확률이 높다. 누군가를 속이기 위해서는 긴장을 하기에 당연히 입술이 마르기 때문이다. 거기에다 코를 만지고 있다면 확률은 더 높아진다. 긴장을 하면 아드레날린의 분비로 모세혈관이 확장되어 간지럽게 된다. 기억하자! 상대가 말이 길어지거나 더듬고, 혀를 날름거리며 입술에 손이 자주 가고 코를 만진다면, 당신을 속이고자 하는 비언어적 행동인 것이다.

호감을 부르는
비언어의 동작 패키지

당신이 어느 모임에 초대를 받아 들어갔는데 평소 마음에 드는 사람이 서 있는 것을 발견했다. 어떻게 다가가 당신의 호감도를 높일 것인가? 이를 위해 매우 유용한 팁을 소개해본다. 우선 미소를 띠며 그 사람을 응시하면서 다가간다. 단 너무 빠르게 그리고 너무 가깝게 가지 않는다. 그 사람 앞에서 배꼽의 위치를 상대에게 맞춘다. 그런 후 앞에서 살펴본 열린 자세를 보여준다. 목, 배꼽 그리고 그곳……. 주로 손바닥을 보여주는 제스처를 주로 쓰며 상대가 쓰는 비언어를 따라하는 미러링[10] 기법을 사용한다. 가급적 상대와 나 사이에 장애물을 없애는 것이 중요하다. 만약 업무적 이야기를 한다면 눈을 보면서 눈과 이마 사이를 적당히 봐준다. 이것이 업무 시선이다. 만약 사적인 이야기라면 눈을 보면서 약간 내리는, 즉 눈과 입 사이를 응시하는 것이 효과적이다.

그런 과정을 통해 상대의 동공이 커진다면 성공이다. 동공이 커지면 매력을 느끼고 자신도 매력을 발산하기 때문이다. 사실 어두운 바(bar)에서 상대가 더 매력적으로 보이는 것은 서로의 동공이 더 커졌기 때문이다.

악수를 해야 한다면 비스듬하게 하는 것이 좋다. 손바닥을 보여주는 것은 복종의 의미이고, 상대의 손을 위에서 누르면 제압의 의미를 담기 때문이다. 만약 상대가 위에서 손을 누르고 악수를 한다면 어떻게 해야 할까? 상대에게 지기 싫다면 나의 나머지 한 손을 상대의 손 위에 포개면 된다.

접촉을 하는 것은 상당히 좋은 호감의 기술이다. 물론 상황에 맞게 적절히 해야 한다. 실제 미국 레스토랑에서 웨이터가 손님의 손을 잠깐 접촉하고 계산서를 주는 상황과 그렇지 않은 상황을 비교한 결과, 접촉한 웨이터의 팁이 17%나 많았다. 접촉을 한다면 살짝 잡았다 놓는 것이 좋다. 간보기다. 상대가 거부감이 없으면 그 때 지속적 접촉을 시도한다. 처음 만나는 사람이라도 어느 곳으로 이동할 때 등 쪽을 살짝 대고 인도하는 것은 좋은 접촉일 수 있다.

사실 우리가 누군가를 만날 때 짧은 시간 동안 상대의 비언어적 행동을 모두 다 분석할 수는 없다. 게다가 너무 유심히 상대를 관찰하는 것은 실례다. 하지만 이런 원칙을 알고 있으면 눈치 상황에서 큰 도움이 된다. 적어도 그 만남에서는 파악하지 못했지만 집에 돌아가 다시 복기하며 상대의 비언어와 본심을 추론해볼 수 있다.

중요한 것은 상대의 기준 행동을 파악하는 것이다. 그리고 평상시 상대가 편할 때 하는 표정, 자세, 움직임을 알아두면 상당히 도움이 된다. 상대의 기준 행동의 변화가 감지되면 조금 더 상대를 살피는 눈치가 필요하다. 그런 과정을 통해 당신은 센스 있고 배려 있는 사람으로 자리매김할 것이다.

혹 여러분도 이런 모습을 하고 있지는 않나요?

 'Oh, No!!'

- 회식이 끝나갈 즈음 술 한잔 더하겠다며 2차를 가자고 부하직원에게 강요하는 당신
- 퇴근 후나 쉬는 날에 전화를 걸어 업무 이야기를 꺼내는 당신
- 심적으로 어려운 일을 겪어 힘들어하는 친구를 만나 이야기를 들어주는 척 하지만 결국 자기 이야기만을 늘어놓는 당신
- 엘리베이터 안이나 전철 안에서 큰 소리로 통화하는 당신
- 오랜만에 보는 자녀에게 "공부 잘하고 있지?"라고 첫마디를 건네는 당신
- "오빠, 이 가방 예쁘다." 라는 여친에게 단번에 "별론데." 라고 일축하는 당신
- 행사 직전 실무자를 믿지 못하고 작은 거 하나하나까지 이것저것 확인하면서 업무를 지시하는 당신
- 설거지까지 끝낸 상태인데 뒤늦게 집에 들어와 부인에게 "밥 줘~"하는 당신
- 부인이나 여친에게 준비 시간이 너무 길다고 짜증을 내는 당신

- 좋은 인사고과를 받아 기분 좋은 상태에서 다른 동료에게 "인사고과 어때?" 하고 태연하게 묻는 당신
- 헤어진 남친 때문에 힘들어하는 친구에게 "잘 만나고 있지?"라고 하는 당신
- 장거리 운전 중인데 조수석에 앉아 카톡만 하다가 자는 당신
- 승진 누락한 선배 앞에서 승진 이야기를 꺼내며 이러쿵저러쿵 수다를 떠는 당신
- 강의가 끝나갈 무렵 기어코 질문을 해서 다른 친구들의 점심행을 방해하는 당신
- 회의 시간에 자기말만 장황하게 늘어놓으며 같은 말을 여러 차례 반복하는 당신
- 업무 고충을 말하는 부하 직원 앞에서 자신의 고충을 길게 내뱉는 당신
- 의견이 좀 다르다 해서 흥분 상태로 다른 사람을 공격하는 당신
- 자신의 말에 동의하지 않는다 해서 부하직원을 장시간 붙들고 있는 당신
- 같은 팀 내에 큰 일이 생겼음에도 자신은 관련이 없다며 곧장 퇴근하는 당신
- 주간회의 등에서 다른 사람들은 3분 이내로 보고하는데 본인만 자료를 20여 분 읽어대는 당신
- 실적이 좋지 않아 회의실 분위기가 가라앉았는데 본인만 실적이 좋다며 다른 사람을 은근히 비판하는 당신
- 부하직원들의 의례적 칭찬을 듣고 기분이 좋아져서 지난날의 무용담을 열거하며 우쭐대는 당신
- 공적인 자리인데도 상사의 지위를 이용해 사적인 얘기를 계속 꺼내며 동의를 구하는 당신

- 작은 실수임에도 소명 기회 없이 업무태도가 나쁘다며 심하게 질책하는 당신
- 상사의 지적이 과하지 않음에도 유독 갖은 핑계를 대며 자기 책임이 아니라며 읍소하는 당신
- 다른 사람들은 분주히 움직이는데 불판에 고기가 타는 것을 멍하니 쳐다보고만 있는 당신
- 사람들이 별로 관심이 없고 지겨워하는데도 자신 이야기를 반복해서 말하는 당신
- "내가 원래 자식 자랑 안 하는데~" 하면서 신이 나서 자식 자랑질을 대놓고 하는 당신
- 자신이 듣고 싶어 하는 말이 나올 때까지 계속 물어보는 당신(답정너 당신)
- 몇 년째 남자친구 없는 사람에게 "눈이 높아서 그래."라고 하며 핀잔을 주는 당신
- 개인적인 일로 힘겨워 하는 직원에게 "젊은 사람이 왜 그래."라는 당신
- 다른 동서들은 시큰둥한데 본인만 시부모에게 과하게 애교를 부리는 당신
- 부인이나 여친 앞에서 TV에 나오는 연예인이 너무 예쁘다며 열을 올리는 당신
- 다들 짜장면 시키는데 혼자서만 만 원짜리 잡채밥 시키는 당신
- 피곤해서 좀 쉬고 싶어 하는 상대에게 계속 말을 시키는 당신
- 방금 전 상대에게 짜증부리고 언제 그랬냐는 듯 상냥히 대하는 당신
- 전화벨이 수십 번 울릴 때까지 전화를 계속 하는 당신
- 상대를 안 지 얼마 안 됐는데 자신이 나이가 많다며 반말하는 당신
- 다른 사람의 일까지 이것저것 참견하면서 지시를 하는 당신

- 후배들끼리 밥 먹으러 가는데 "나도 같이 갈까?"하며 기어이 끼어드는 당신
- 사소한 일에도 자신의 억울한 점만을 여러 사람에게 하소연하는 당신
- 바쁘다며 연락을 거부하다가 대뜸 본인 시간이 괜찮다며 연락하는 당신
- 상대가 한 일에 대해 의례적인 칭찬 한 마디 외에 오로지 지적만 하는 당신
- 상대가 자신의 부탁을 들어줬음에도 고맙다는 인사를 먼저 하지 않는 당신
- 술자리에서 술은 안 먹고 안주만 열심히 먹어대는 당신
- 식당에서 비싼 음식에 제일 먼저 젓가락을 올려놓거나 잡채의 고기만 재빨리 골라먹는 당신
- 식사자리에서 쩝쩝 거리고 생리현상을 남발하는 당신
- 상대가 전화를 끊고 싶다는 신호를 보냈음에도 계속 말을 거는 당신
- 친구랑 같이 쇼핑 가서 자기 것만 챙기고 고르는 당신
- 비싼 승용차를 구입해 돈이 없다며 3차까지 가는 술자리에서 끝까지 지갑을 열지 않는 당신
- 여행 가서 아침 일찍 일정이 있음에도 잠만 자는 당신
- 자녀가 중간고사 준비로 정신이 없는데도 TV를 켜는 당신
- 술 먹고 귀가한 후 라면 끓여 먹고 설거지 안 하는 당신
- 재활용 쓰레기가 집안에 쌓여 있어도 절대 버리지 않는 당신
- 여친과 길을 걷다 지나가는 이쁜 여자를 아래위로 훑어보는 당신
- 엘리베이터 안에서 개를 안고 타지 않는 당신

- 놀이터에 반려견을 데리고 나와 "우리 애는 순해서 안 물어요."라고 말하는 당신
- 비좁은 주차장에 두 칸에 주차시킨 걸 알면서도 그냥 차에서 내리는 당신
- 감사를 받고 있어 심사가 좋지 않는 직장 동료에게 꼬치꼬치 캐묻는 당신
- 단체 카톡방에서 반복적으로 본인이나 자녀 자랑하며 연신 환호하는 당신
- 결혼식장에서 신부보다 더 화려한 옷을 입고 뽐내는 당신
- 시간이 없다는 핑계로 밝은 색 옷을 입고 장례식장에 가는 당신
- 강의 중에 사적인 전화를 태연하게 받는 당신
- 좁은 골목길에서 길을 막고서 커플 사진을 찍는 당신
- 카페에서 나올 때 휴지 등을 그대로 둔 채 뒷정리 안 하는 당신
- 정수기에 물 마시러 갔는데 물이 없음에도 물통 교체하지 않는 당신
- 음식 차린 사람이 음식 어떠냐고 물어보는 데 진짜로 품평회를 하는 당신
- 후배에게 밥 산다고 나갔다가 식사 후 "아, 지갑 두고 왔다." 하는 당신
- 식사기도를 너무~ 길게 하는 당신
- 집들이에 늦게 도착하고 심지어 빈손으로 가는 당신
- 단체 카톡방에서 상대를 공격하고 싸움질을 즐기는 당신
- 단둘이 하는 식사자리에서도 길게 전화 통화를 하거나 카톡을 일일이 확인하는 당신
- 상대와 친해지고 싶다며 대뜸 호구조사를 집요하게 하는 당신
- 상대의 외모를 칭찬하면서 야릇한 표정을 보내는 당신

- 장황한 말로 상황 설명을 하면서 결국에는 자신의 실수를 후배 탓으로 돌리는 당신
- 별 흥미를 보이지 않았는데 뒤늦게 과한 리액션을 하는 당신
- 갑작스럽게 "너 나이 몇 살이야."하고 말하며 윽박지르는 당신
- 우는 여친 앞에서 왜 우냐며 논리적으로 따지는 당신
- 자기 기분에 따라 수시로 스케줄을 바꾸는 당신
- 일이 터졌는데, 남친 앞에서 "어떻게 어떻게~"하면서 아무 일도 안 하는 당신
- 상대 상황은 안중에도 없이 자기 일을 먼저 챙겨달라는 당신
- 맛있게 음식을 먹고 있는 친구에게 "난 그거 맛없던데……."하는 당신
- 본인 의견을 단정적으로 밝힌 뒤에 "너는 어때?" 하는 당신
- 친구가 정말 마음에 들어 산 물건을 그 자리에서 똑같이 사는 당신
- 메뉴 정할 때 편히 고르라고 말해서 정했는데 "그건 빼고."하는 당신

위의 모습들은 극히 일부일 뿐입니다. 이 외에도 상대를 불편하게 하는 '눈치 없는 행동'은 자신을 쓸모없는 사람으로 만들기도 합니다. 자신을 존중하는 만큼, 상대도 존중하고 더 많이 배려하는 생각과 행동을 하는 당신이 진짜 멋있는 당신입니다!!

| 미 주 설 명 |

1) 단기기억의 용량이 7±2라는 것을 발견해 무엇인가를 설명할 때 7가지 아이템을 넘지 말기를 권했다. 이 연구는 인지심리학의 선구가 되었다.
2) 기능적 자기공명 영상(Functional magnetic resonance imaging)은 혈류와 관련된 변화를 감지하여 뇌 활동을 측정하는 기술이다. 뇌 영역이 사용되면 그 영역으로 가는 혈류의 양도 증가한다는 사실에 기초한다.
3) 긴박한 위협 앞에서 자동적으로 나타나는 생리적 각성 상태. 심장이 뛰고 얼굴이 화끈거리는 반응.
4) 스탠포드대 커뮤니케이션학과 교수로, 컴퓨터를 사람처럼 느끼는 사람들을 대상으로 다양한 대인관계 실험을 진행했다.
5) 새롭게 입력된 정보가 기존 정보의 인출을 방해하는 망각 현상을 설명하는 인지심리학 용어이다.
6) 부정적 사건을 접한 후 현재 상황에 대한 집중력이 좋아지고 기억력이 향상되는 현상을 말한다.
7) five love language: 인정하는 말, 시간(공유), 선물, 봉사, 스킨십.
8) 인간의 욕구는 위계적으로 조직되어 있으며 하위 단계의 욕구 충족이 상위 계층 욕구의 발현을 위한 조건이 된다는 매슬로(Maslow)의 동기 이론이다. 매슬로는 기본적인 생리적 욕구에서부터 사랑, 존중 그리고 궁극적으로 자기 실현에 이르기까지 충족되어야 할 욕구에 위계가 있다는 '욕구 5단계설'을 주장하였다. 인간의 욕구는 병렬적으로 열거되어 있는 것이 아니라 낮은 단계에서부터 충족도에 따라 높은 단계로 성장해가는 것이며, 낮은 단계의 욕구가 충족되지 않으면 높은 단계의 욕구는 행동으로 연결되지 않고 이미 충족된 욕구도 행동으로 이어지지 않는다고 보았다.
9) 생식기관으로 사람에게 있어 종족 번식을 위해 중요한 기관이지만 역설적으로 가장 취약한 부분이다.
10) 대인 커뮤니케이션에서 미러링은 거울처럼 상대의 행동 등을 적절히 따라하는 것을 말한다. 자신과 비슷한 것에 끌리는 유사성의 원리에 기초한 기법이다.

THE SENSE
네가 힘든 건 눈치가 없어서야

2019년 12월 5일 초판 1쇄 발행

지은이 **김은성**
펴낸이 **권무혁**
펴낸곳 **어나더북스** an other books
기획편집 **김미성, 최영준, 서동환**
마케팅 **김성덕**
디자인 **이선영**

출판등록 2019년 11월 5일 제 2019-000299호
주소 (04029) 서울 마포구 월드컵로 8길 49-5 204호(서교동)
대표번호 02-335-2260 | 이메일 km6512@hanmail.net

ⓒ 김은성, 2019
ISBN 979-11-968617-0-4 03320

- 책값은 뒤표지에 있습니다.
- 이 책의 내용의 일부 혹은 전부를 재사용하려면 반드시 어나더북스의 동의를 구해야 합니다.
- 잘못 만들어진 책은 구입하신 서점에서 교환할 수 있습니다.